FINANCIAL
LITERACY IS EVERYTHING

7歳から投資マインドが身につく本

お金の教育がすべて。

ミアン・サミ
Mian Sami

かんき出版

教育の専門家でもない私が、

なぜ教育についての本を書いたのか。

それは、

現在の教育の中で「お金の教育」がまったくなされていないことに強い危機感を持ったからです。

「お金の教育」は、子どもの未来に

「安心」と「自由」の両方を与えることができます。

反対に、その教育を受けられない子どもには
今後、悲惨な人生が待っているかもしれません。

「お金の教育」があるかないかが
子どもたちの人生を大きく左右するのです。

お金の教育が教育のすべてです。

愛する子どもたちのために、
今すぐ、お金の教育を始めませんか？

はじめに

学校の成績が悪くても、大丈夫！

先日、私は東京都港区にある約2億円の家を売却しようとしていました。

引っ越しをするために整理をしていると、一つの箱が出てきました。

空けてみると、その中には私の小学校から高校時代までの「通信簿」が保管されていたのです。

自分では、昔から勉強のできた子だったと思っていたので、その通信簿を開いてみてビックリ！

なんと、「2」のオンパレートではありませんか！

本当にこれは自分の通信簿なのか？　と改めて名前を確認したほどです。

しかし、よーく胸に手を当てて記憶をたどれば、確かに子どもの頃の私はゲームばかりしていたことを思い出しました。

そう、勉強はそっちのけだったのです。

その結果、小学校から高校時代まで、ずっと「2」からせいぜい「3」の間をさまよっていたのですね。

不思議なことに、これほどひどい成績であったことを全く覚えていません（笑）。

学校の成績は経済的な成功に影響しなかった

ただし、断言します。私の経験から言うと、**学校の成績は経済的な成功に影響しませんでした**。その理由はおそらく、二つあります。

一つは、親が学校の成績に関してうるさくなかったためでしょう。パキスタン人だった私の親は、**学校の成績について、とやかく言うことはほとんどなかった**のですが、

代わりに、父親が口癖のように言っていたことがあります。それは、「絶対に会社の奴隷にはなってはいけない」「無駄なものに投資するな。お前のポケットには穴が開いているぞ」などで、その多くがお金に関するものでした。

そのような**親の言葉が、いつしか私自身のお金に対する信念として育ちました**。

そしてもう一つ。

社会に出てからの**私は紆余曲折を経て、現在は個人資産が10億円を超えて、**時間的

にも自由に生きているわけですが、その原動力となったのは、**学校で学んだことではなく、お金の知識があったことが大きかった**、と思っているからです。

私は大学を卒業してから十数年間、金融業界でどっぷりとお金のカラクリを見聞きしたり、多くの富裕層と交流することで、お金の知識を向上させることができました。

また、私自身が数々の投資の失敗や成功を通じてたくさんのことを学びました。

こうした経験から、**人生で一番大切なことは、お金に関する幅広い知識、すなわちファイナンシャルリテラシーを身につけることである**と確信しています。

私が定義するファイナンシャルリテラシーとは、「お金の信念」を正しく持ち、「お金の仕組み」と「お金の歴史」を学ぶことで培われるものです。

このファイナンシャルリテラシーを生きる指針としたおかげで、私は今、日本人の妻と4人の子どもたちに恵まれ、「安心」と「自由」のある人生を送ることができるようになったのです。

つまりは、**学校の成績（知識）はあまり重要ではなく、豊かな人生を送るために必要なのはお金の成績（知識）である**、ということを、40年近くかけて学んできたということです。

しかし、その事実を知らない大人たちがあまりに多く、残念に思います。

この後、詳しくご説明しますが、経済のサイクルから考えると、これから数年間は、激動期に入ります。

4人の子どもを持つ親として、お金について学んできた専門家として、この国、日本ですくすくと育っている子どもたちの未来に、危機感を覚えています。

私は、次の世代に正しいお金の知識を継承しなければならないという強い思いに駆られ、親子が集えるオンラインコミュニティを開設するなどして、ファイナンシャルリテラシー向上のための活動を行っています。

100年に一度の転換期の時代に生きる子どもたちへ

今、日本だけでなく、世界が大きな金融システムの転換期にあります。

世界で最も成功したファンドマネジャーとして知られるレイ・ダリオ氏は、

「これから、100年に一度のレベルの転換期がやってくる」

と語っています。

また、貧富の差が広がりすぎて、世界のあちらこちらで緊張感が高まっています。

貧困と不正を撲滅するために世界100カ国以上で展開する国際非政府組織

（ＮＧＯ）のオックスファムは、「世界で最も裕福な８人と、世界人口のうち経済的に恵まれていない36億７５００万人、つまり世界人口の50％の資産額がほぼ同じである」とする報告書をまとめました。

そして、この格差は今後も広がり続けていくと予測されています。

本書を手に取ってくださった読者のみなさんの中でも、格差の拡大ということを気にされている方は多いことでしょう。

これから先、もっと大きな何かが起きそうだという予感や不安を感じている方もいるのではないでしょうか。

特に、お子さんのいるご家庭ではなおさら危機感を募らせているかもしれません。大切な子どもの未来のために、何ができるのかを真剣に考え、準備できることがわかれば、できるだけのことをしてあげたいと願っているはずです。

お金の教育を今すぐ始めよう

その危機感が、昨今の教育のトレンドにも、現れてきているように感じます。

単に学力や学歴をつけるだけでなく、どんな社会情勢の中でも活躍できるために、どのように子どもを育てるべきかという、実用育児書が書店にはあふれています。

学校でもアクティブラーニングが導入されるなど、旧態依然としていた教育の世界がようやく変わる兆しがみられることはとても喜ばしことです。

しかしながら、これから生きる子どもたちにとって、もっとも大切であると私が考える「お金の本質」については、相変わらず学べる機会がありません。

このままでは、お金の知識が不足しているために、不安を感じながらも何ら行動に移せない人ばかりが増えてしまうでしょう。

そんな危機感が、本書を執筆するにいたった最大の理由です。


間違いなく、今後起こるかもしれない「転換期」は、あなたとあなたのお子さんの人生に大きく関係します。そして、お金の知識があるかないかで、それを乗り越えられるかどうかが決まります。

100年に1回の転換期に備えてできる唯一の対策は、ファイナンシャルリテラシーを向上させること。つまりは、「お金の教育」を行うことです。

私は、「お金の教育」こそが、教育の中で最も重要で、かつ最優先すべきことだと確信しています。なぜなら、お金とは、人が生まれた瞬間から、一生のあいだずーっとつきまとい、人生の幸福を大きく左右するものだからです。

「**お金のことがわかれば、幸せに生きていける**」といっても過言ではないのです。

批判や誤解を恐れずにはっきりと申し上げます。

「お金の教育がすべて。」——これこそが、最優先すべき教育です。

本書の内容について、簡単に紹介していきましょう。

プロローグでは、あなたの家庭の「お金の教育力」がわかる8つの質問を用意しました。それぞれの質問を通して、現状を把握していただきます。

第1章では、なぜ、お金の教育が必要なのか、私の考えの全体像をお伝えします。

第2章ではお金に対する信念、マインドの持ち方についてお伝えします。

そして、第3章ではお金の仕組み、第4章では、特にこの100年のお金の歴史について、それぞれ子どもにもわかるように説明しました。

第5章では、実際に子どもたちにどのようなお金の教育をしたらいいのか、対象年齢別に分けながら、解説しています。

エピローグでは、お金の教育をすることで子どもに身につく、新たな能力について触れておきました。

全体を通して、**まず親御さんがお金に対する偏見や思い込みを取り払い、正しいお金の知識、ファイナンシャルリテラシーが身につくように設計しました。**お子さんに教える際のポイントも随所に盛り込み、対話例も多数用意しています。

ぜひ、多くのご家庭で、親子が一緒になって、本書を最大限に活用していただければ幸いです。そして、すべての子どもたちが「安心」と「自由」のある未来を手に入れて欲しいと強く願っています。

２０１９年5月

見た目以外は日本人で4男の父　ミアン・サミ

*本書の内容は２０１９年4月1日現在の法令と情報に基づいています。
*個別の金融商品への投資等については、情報をよく確認してご自身の判断で行ってください。本書を利用したことによるいかなる損害等についても、著者及び出版社はその責を負いかねますので、ご了承ください。

『お金の教育がすべて。7歳から投資マインドが身につく本』――もくじ

Financial Education

Contents

第3章 「お金の仕組み」を知ることから始めよう

第4章 子どもと一緒に学びたい「この100年のお金の歴史」

Contents

第5章 家庭でできるお金の教育・実践編

Contents

編集協力●株式会社AISAI 早川 愛
カバーデザイン●井上 新八
本文デザイン・図版作成・イラスト●齋藤 稔(株式会社ジーラム)

プロローグ

あなたの家庭の「お金の教育力」がわかる8つの質問

この章のSummary

- 幸せの根源には、
「安心」と「自由」の両方がある

- 「安心」と「自由」の両方を
手に入れる生き方を
「リッチマインド」と呼ぶ

- リッチマインドになるためには、
お金の教育が不可欠である

Financial Education

1 結局、お金のことが子どもの幸せに直結します

私は日本人の妻と4人の子ども（全員男子！）の親として、日々育児に奮闘中。人並みの親と同じように、子どもたちの人生が幸せなものであることを強く願いながら、大切に育てています。

各ご家庭が目指す教育方針はさまざまなことでしょう。

ある人は、「世界を舞台に活躍してほしい」と願い、ある人は「自分の好きな道を自由に進んでほしい」。あるいは「健康に健やかに成長してくれればよい」と望んでいる人もいるでしょう。

子どもの将来に対して、どんな望みを持っているとしても、一つだけ確かに言えることがあります。それは、子どもの「幸せ」を願わない親はいないということです。「幸せ」に対するイメージは人それぞれです。でも、**その幸せの根源には、「安心」と「自由」の両立がある**と、私は思います。

私が考える「安心」とは、コンスタントに必要なお金が入ってきて、生活に困らな

い安定した収入があるという状態。

また、「自由」とは、大切な家族と過ごせる時間が十分にあり、大好きな友人たちと過ごすゆとりを持ち、趣味や余暇をきままに楽しんだり、あるいは、やりたいと思う仕事に制限なく挑戦できること、です。

自由ばかりを追い求めるあまり、生活に困窮するような人生には安心はないでしょう。十分なお金があっても、人生を楽しむ自由な時間がない人生もまた辛いものですよね。つまり、幸せな人生を送るためには、「安心」と「自由」の両方を併せ持つ必要があるのです。

本書では、**お金を得ても、一向に自由になれずに、一生、生活費を稼ぐことに毎日追われ続ける生き方をする人を「プアマインド」**と呼びます。

一方、**資産を増やし、「安心」と「自由」の両方を手に入れる生き方をする人を「リッチマインド」**と呼びます。本書には、子どもをリッチマインドに育てるためのヒントをたくさん盛り込みました。

子どもたちが生きる未来、どこで、どんな人たちと暮らし、どんな仕事をして生きているかはわかりません。

しかし、リッチマインドの大人へと成長し、「安心」と「自由」のある人生を手に

図0-1 プアマインドとリッチマインドの違い

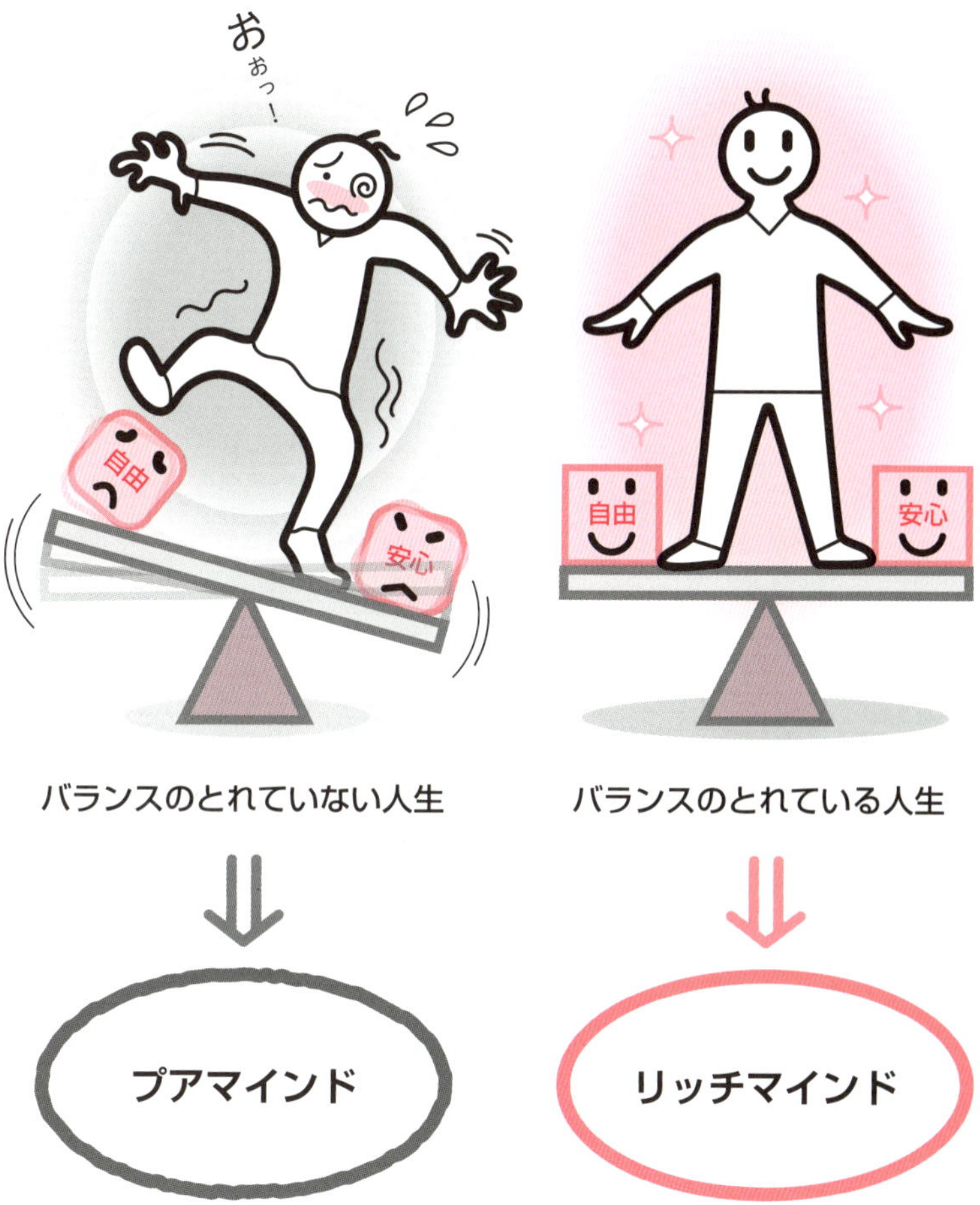

入れて欲しいと願うことだけは、確かです。

きっと、あなたのお子さんにも同じような願いを持っていらっしゃるのではないでしょうか。

「安心」と「自由」のある未来を手にするために、まず教えたいのが、**お金は何から生まれてくるのかを知り、お金を創り出し、返済する能力を育む「お金の教育」**です。

その教育を施すことが、「安心」と「自由」のある人生につながる鍵だからです。

ところが、残念ながら、肝心のお金について教えられる大人が、この国にはほとんどいません。このことに、強い危機感を抱いています。

学校も家庭でも、お金の教育が不足しているのです。

あなたのご家庭はどうでしょうか？

まずは、ご家庭の現状を把握することから始めましょう。

家庭におけるお金の教育力について知るために、次の8つの質問に答えてみてください。

Q1

子どもの将来における最大の危機は何だと思いますか？

答えは、顕著な「所得格差」です。今、世界の後進国を除く中間層の所得が減っている一方で、富裕層はますます富を増やしてきています。

これは海外だけの現象ではありません。日本国内でも同じような現象がおこっているのです。各種の統計資料によれば、**お金持ちがさらに富を増やす一方で、中間層以下の所得が減り生活が確実に苦しくなってきています**。そして「所得格差」が「機会格差」を生み、機会格差がより所得格差を広げるという悪循環に陥っているのです。

たとえば、２０１３年から17年の５年間で、大企業の役員報酬額は１・８倍に増えました。また、12年から17年で富裕層上位40人の資産は倍増しています。一方で、貯蓄ゼロ世帯は12年から16年で30％以上増えており、16年時点で１７８８万世帯を超えています。所得格差、資産格差が鮮明になっていることがわかります。

一般に、年収の低い人たちはより労働収入が減り、貯金がない世帯や自殺者の数が増え、アルバイトや非正規社員などのワーキングプアが増えています。貧しい人はより生活が苦しくなり、生きることをあきらめる人もいるという、悲惨な状況です。

今の子どもたちが働き始める10年後、15年後には、所得格差はもっと広がっていくでしょう。親御さんが、この現状について、真剣に向き合い、富裕層たちは、どのようにお金を増やしているのかを知り、子どもたちを導く必要があるでしょう。

Q2

やはり、
良い大学に行って、
良い会社に入るのが
無難だと思いますか？

この質問の正解は、「いまどき、いい大学や会社に入っても安泰じゃない」だろうと考える人が多いでしょう。

でも、実際にあなたのお子さんに行っている教育はどんなものでしょうか？　格差が広がって、お金持ちの数が増えているのであれば、我が子もその層に入れれば良いだろうと考え、かつ、その登竜門として、まずは、「やっぱり、良い大学に入って、良い企業に就職してというのが王道だ」と、考えてはいないでしょうか？

ところが、その考えは間違っていると言わざるをえません。現在、**お金を増やしている富裕層がなぜお金を増やし続けることができるのか**。

それは、**決して、いい大学に進学し、大企業に入れたからではありません**。

お金持ちになれるどころか、いい大学に入って、いい企業に勤めることは、もはや安泰ではないことをうすうす感じている人が多いにもかかわらず、昨今、中学受験など進学への熱は過熱傾向にあります。

学歴重視の傾向は、あまり変わっていない証でしょう。なんだかんだ言っても、「良い大学→良い会社」のルートに子どもを乗せようとしています。

それは、なぜでしょうか？　その答えについては、第1章でお話しします。

Q3

「幸せであれば良し」という、ほどほどの人生を望みますか？

「お金持ちになどならなくてもよい」
「人様に迷惑をかけないように幸せに生きていってもらえればそれで良い」
「お金儲けなどは考えずに、荒波を立てずに生きて欲しい」
といった考えを持つ親御さんも多いことでしょう。

出世をしたり収入を増やすことが、幸せな人生に直結しないことも確かです。大多数の人が、人並みに生活していけるだけの収入さえあれば、幸せな人生を送ってきたという事実もあります。

しかし、時代は変わりました。残念ながら、**親御さんの世代と同じような「ほどほどの人生」を、子どもたちの世代が送れる保証がまったくない**のです。

Q1で見てきたように、貧富の格差がものすごい勢いで広がってきているからです。その影響は、必ずやお子さんにも及んでくることでしょう。

つまりは、何も対策を施さなければ、親御さんが思い描いているような「ほどほど」の生活を選ぶことさえも贅沢な夢になりかねない時代なのです。

これから社会に出る子どもたちに、祖父母世代や親世代が歩んできたような、平凡でそこそこの人生のレールを敷いてあげることは困難です。「安心」と「自由」のあるほどほどの人生を歩ませるためにも、やはり、お金の教育が必要です。

Q4

子どもに「お金持ちになるにはどうしたらいいの？」と聞かれたらどう答えますか？

おそらく、「たくさん勉強して、一生懸命に働くといいよ」といった答えをする人が多いのではないでしょうか？　あるいは、より具体的に、「医者か弁護士になるか、会社を作って社長さんになるといいよ」と答える人もいるかもしれません。

しかし、お金持ちになる方法は、一生懸命に働いたり、医者や弁護士や社長になったりすることではありません。

なぜなら、世の中を見渡せば、一生懸命に働いている多くの人が、毎日の生活にも困窮しているという事実があります。報酬が高いとみられてきた医者や弁護士でさえ、仕事に追われて家族とゆっくり対話をしたり、趣味に興じる時間を持ったりするゆとりを失っているケースが多いと聞きます。

忙しさに見合う対価があるならまだしも、最近では、医者や弁護士の中にも、驚くほどの薄給で働いている人も少なくないという悲惨な現実があります。

また、会社の社長になっても、多くの社長さんたちは資金繰りに奔走し、事業や従業員を守るために眠れない日々を過ごしているのです。

一生懸命働いていても、お金持ちになれる保証も「安心」も「自由」もないのです。

私も、自分の子どもたちから同じような質問をされることがあります。

どんな返答をしているのか、本書で詳しくお話ししていきましょう。

Q5

子どもにお小遣いを与えていますか？

小学生以上のお子さんがいるご家庭であれば、「はい」と答える方が多いでしょう。一般的なご家庭でのお金の教育といえば、お小遣いを与えることから始まりますね。多くのご家庭のお小遣い、定額制か、あるいは必要な時に必要な額のお金をあげるという感じでしょう。

しかし、どちらの方法をとるにせよ、単にお小遣いをあげるだけでは、十分なお金の教育をしているとは言えません。

お金を渡す際には、「無駄遣いをしてはいけないよ」と戒めたり、あるいは「ちゃんと貯金をしなさい」と説いているご家庭もあるでしょう。

残念ながら、**お金のやりくりを教えたり、無駄遣いを戒めたり、貯金を促すだけでは、「安心」と「自由」のある人生を送るリッチマインドな大人に育てることはできない**のです。

無駄遣いとはどんなもので、なぜ無駄遣いをしてはいけないのでしょうか？

なぜ、貯金をしなければいけないのでしょうか？

後述しますが、貯金のしすぎにはリスクが伴います。それについて、説明できるでしょうか？

小遣いとはどうあるべきなのか、本書の中で考えていきたいと思います。

Q6

子どものために貯金をしたり、学資保険に加入していますか？

教育熱心な読者の方であれば、「はい」と答えられた方が多いでしょう。

実際、子どもが生まれると多くの親が将来の学資資金の心配をしてます。

幼稚園から大学まで全部公立であっても約1000万円、私立の場合だと約2000万~3000万円かかると言われています。医学部や海外留学などを希望すれば、さらに多くのお金が必要になります。そんな数字を見聞きすれば、将来の進学のためにと、コツコツと貯金を始める人も多いことでしょう。

貯金に加えて、多くの親御さんが始めるのが学資保険です。

学資保険の中には返戻率が105%以上のものもあるため、1%の利子もつかない銀行預金よりはマシかもしれません。しかし、学資保険のなかには、元本割れするものも少なくありません。また、17年、18年後に掛金の総額よりも増えたかに見えた返戻金も、インフレによって、実質価値が減っている可能性が高いのです。

つまりは、**お子さんの将来を考えると、貯金や学資保険だけでは、不十分**なのです。

ちなみに、我が家では4人の子どもがいますが、学資保険には入っていません。

その代わりに何をしているのか、ご興味のある方は本書を読み進めてください。

Q7

あなた自身は投資の経験がありますか？

あなたの答えは「はい」と「いいえ」のどちらでしょうか?

子どもをリッチマインドな大人に育てるポイントの一つに、「投資」をして、お金を増やす術《すべ》を身につけさせるということがあります。

先のQ6で見たように、ただ貯金をしているだけでは、インフレによって、相対的なお金の価値が目減りしてしまう可能性があるからです。

子どもに教えるためには、親自身が、投資を経験している必要があります。

ところが、ほとんどの親御さんが、「投資」の経験がありません。

「金融リテラシー調査」(金融広報中央委員会　2016年)によると、株式や投資信託などなんらかの金融商品を購入したことのある子育て世代の数は、30%弱程度にとどまっています。

残念ながら、**日本人全体のファイナンシャルリテラシーは、世界的に見てもかなり低い**のが現状です。私がお金に関する教育活動を行うたびに、そのことを痛感します。

では、なぜこのようにファイナンシャルリテラシーが低いのでしょうか?

それは、これまで、学校でも家庭でもお金の教育を受ける機会がほとんどなかったからです。

Q8

夫婦で家庭のお金について、話をしていますか？

多くの方が、「いいえ」と答えることでしょう。

あるいは、「少しくらいは話す」と回答する方がほとんどだと思います。

私たちはつい、「家庭内でお金の話は喧嘩のもと。なるべく避けたい」という気持ちになりがちですね。

実際に、夫婦間のいざこざの原因の筆頭にあるのも、お金の問題です。離婚の原因のトップ5にも「配偶者が生活費を渡さない」などの金銭の問題が挙げられています。

また、現在は、夫婦共働きが一般的になり、「財布は夫婦で別々」というご家庭も増えています。家庭の財布が1つだった時代に比べて、家庭全体の経済状態を把握しにくくなっているのではないでしょうか。

お金については、結構話はしているけど、いつも悪い雰囲気になるという方もおられるでしょう。そのとき、そばで会話を聞いているお子さんにどんな影響があるかを想像してみたことはあるでしょうか?

実は、**お金のことを何もわからないと思われるような小さな赤ちゃんや幼児でも、親の会話からお金に関するさまざまなイメージを受け取り、一定の「信念」を形成しています。**

詳しくは第2章でみていきましょう。

Financial Education

2 「安心」と「自由」を生み出すお金の教育を！

ここまで答えていただいた8つの質問、いかがでしたか？

もしかして、お金の教育力が足りないかもと思われた方。心配いりません。

まずは、現状を把握できただけでも、一歩前進です。


さあ、愛するお子さんに、「安心」と「自由」のある未来を歩んでもらうために、この本を最大限に活用していただきたいと願います。


この後ですが、本書は大きく分けて3部構成になっています。

第1章では、日本ではほとんど取り組まれてこなかった「お金の教育」の重要性について、時代背景も含めて私の持論をお伝えします。

第2章から第4章は、お金の教育のいわば各論です。第2章がお金の信念（マインド）の持ち方、第3章はお金の仕組みの捉え方、第4章はお金の歴史の捉え方について、いずれの章も親子で一緒に読めるわかりやすさで解説していきます。

第5章は、家庭のおけるお金の教育の実践編になります。未就学児童、小中学生、高校生など、お子さんの年代別に、具体的な教え方について紹介しています。

お金の教育の重要性も含めすべてを知りたい方は、このまま読み進めてください。

お金の教育の重要性はすでによくご存じという方は、第2章からお読みください。

お金の教育の重要性もご存じで、かつ、投資経験などあってお金に対するマインドはすでに整っている、と思われる方は第3章から読んでください。

あるいは、目の前の子どもにどう教えるか、実践例を知りたいという方は、第5章から読んでいただいてもいいかもしれません。

自分に必要だと思う情報を、必要なだけ、自分のペースで読み進めていくことをお薦めします。

第1章

私たち日本人に欠けている「お金の知識」

この章のSummary

- 家庭でも学校でもお金について学べる場所がない

- お金とは問題解決の対価である

- お金のことを学ぶことで好奇心や探求心が育つ

- お金の教育は最高のアクティブラーニングである

Financial Education

1 一生懸命勉強して一生懸命働いてもお金は稼げない

先日、私の息子が学校の先生から、「一生懸命勉強をして、一生懸命に働かないとお金が稼げないよ」と言われたそうです。

私は日頃から息子に、「お金をたくさんもらいたかったら、人をたくさんハッピーにするといいよ」と教えているため、息子は先生の発言にちょっと疑問を持ったようでした。

そもそもお金とはなんでしょうか？

財布の中にある1万円札とはどんなものでしょうか？

実は、**お金とは、「価値」を入れ込む器のようなもの**なのです。

それでは、「価値」とはどんなものでしょうか？

「価値」とは、誰かの問題を解決したことに対して支払われる対価であり、報酬です。

つまり、**より多くの人の大きな問題を解決すると、たくさんの価値が得られます。その価値が保存されたものというのが、お金の正体**です。

私は、そのことを教えるために、「たくさんの人をハッピーにするといいよ」と子どもに話しているというわけなのです。

同時に、もらった価値（お金）をそのまま使ってしまうのではなくて、その一部を使って、お金を増やすことも教えています。さらに、「信用」（本書ではとても大切な概念です）というものを使って借りたお金でさらにお金を増やす仕組みについても、日常生活の折々で話をするようにしています。

何を子どもに教えようとしているのかというと、お金とは、一生懸命に働くしか稼げないものではないということなのです。

誤解のないようにお伝えしますが、子どもたちの人格や思考の成長に大きな影響を与える学校の先生に対して、私は日々心から感謝し、尊敬しています。先生とは偉大なお仕事だと常に感じております。

ですので、前ページにあるように「一生懸命勉強をして、一生懸命働かないとお金が稼げないよ」と答えた先生を批判するつもりは毛頭ありません。

図 1-1 お金とは問題解決の対価

ただ、お金の正体やお金が生まれる仕組みについて十分な知識を持ち合わせていない、というのは事実です。

それは仕方のないことなのです。なぜならば、先生も、そのまた先生も、さらにそのまた先生も、これまで一度だって、お金について学んだことがないのですから。

学校に限らず、お金に関する正しい知識を持ち、わかりやすく教えることができる大人はほぼ皆無です。お金について学べる場所がどこにもないのが現実です。

そのため、先生だけに限らず、多くの大人が、子どもにお金の作り方について同様の答えをしてしまっています。

でも、私は希望を持っています。

もし、**先生をはじめとする大人たちが、もっとお金の知識を持ったら、さらに教育は豊かになり、良い影響が子どもたちに与えられる**と。

知識の量よりも、対話をして深く考える力を養う教育へ

「今日は、どんなことを質問したの？」

これは、私が学校から帰ってきた息子たちに、毎日する質問です。

質問を投げかけ、先生と生徒、あるいは、生徒同士が対話をしながら、「知らないこと」

や「わからないこと」を見つけ出し、解決していくことが学びには必要だと思います。

ですから、息子には「わからない問題を探して、その解をさぐるために、いろんな質問をするといいよ」と伝えています。

学校は単に知らない知識を詰め込む場所ではなく、「学び方を学ぶ」ためにあると思うのです。

これまでの、教育では、「何を学ぶか」というように、知識やスキルの習得に重きが置かれてきました。

しかし、今、教育に改革の風が吹き始めています。

新しい改革の中で特に注目されているのが、「アクティブラーニング」と呼ばれる学び方です。大学から始まり、近年では高校、中学、初等教育へと広がってきているため、ご存知の方もいることでしょう。

生徒が主体となって、生徒同士で協力しあいながら、教科書の枠を超えて意見を述べあったり、調べあったりして、問題解決を探っていくという学習方法です。

「考えて理解する」ことを重視し、解なき問題に取り組む能力とスキルを育てようという動きを見せ始めています。

教育改革が進むも、お金の教育はゼロ

アクティブラーニングのような学び方が広まることは、とても良い傾向だと思います。しかし、まだ足りません。

お金について学ぶ機会が増えるという話がほとんど出てこないのです。

「お金とは何か？」

「お金はどこからやってくるのか？」

「借金をするとどうなるのか？」

「どうして貧富の差が生まれるのか？」

といったテーマでアクティブラーニングをする教育の場を増やして欲しいです。

お金のことを学ぶことで、子どもたちは、世の中のことに関心を持ち、常に「なぜ？」「どうして？」という興味を抱き、好奇心や探究心、そして分析力や考える力を高めていくことでしょう。

お金について理解することが、世の中の仕組みを知る方法としては最もリアリティーがあり、「安心」と「自由」のある人生を生きるために、最も頼もしいスキルとなるのです。

そして、その両方を手に入れるためには、お金の知識を育てる必要があるのです。

子どもに、この世の中のあらゆる場面に介在しているお金とはどんなものであり、どこから生まれ、どのように消えていくのかをしっかりと教えることが、「安心」と「自由」のある人生を送るために、もっとも大事なことなのです。

お金の教育をすることが、現実の世界とのつながりを持ちながら学んでいく最高の教育であり、教育のすべてだと、私は強く確信しています。

2 お金とは問題解決の対価である

お金の教育がすべてである理由

本書のタイトルを『お金の教育がすべて。』としましたが、お金の教育を行うことで、世の中のあらゆることが理解できるようになります。

先ほども話した通り、**お金とは、「価値」を入れ込んだ器のようなもの**です。

「価値」とは、誰かの問題をいかに解決したかに対して支払われる対価であり報酬だとお話ししました。

例えば、サラリーマンであれば、上司が来週までに必要としているプレゼン資料を作成する作業を行うことで報酬を得ています。町の美容院であれば、髪を切ってほしい人に、理髪のサービスを提供して、お代をもらっています。

オンラインショップでモノを買えば、必要になったモノを即座に届けてくれます。

自動車会社は、移動や輸送に必要な自動車を製造して販売しています。

それらのモノやサービスを提供した人や店や企業は、何かしらの問題を抱えている

図 1-2 お金は世の中のあらゆる場面に出てくる

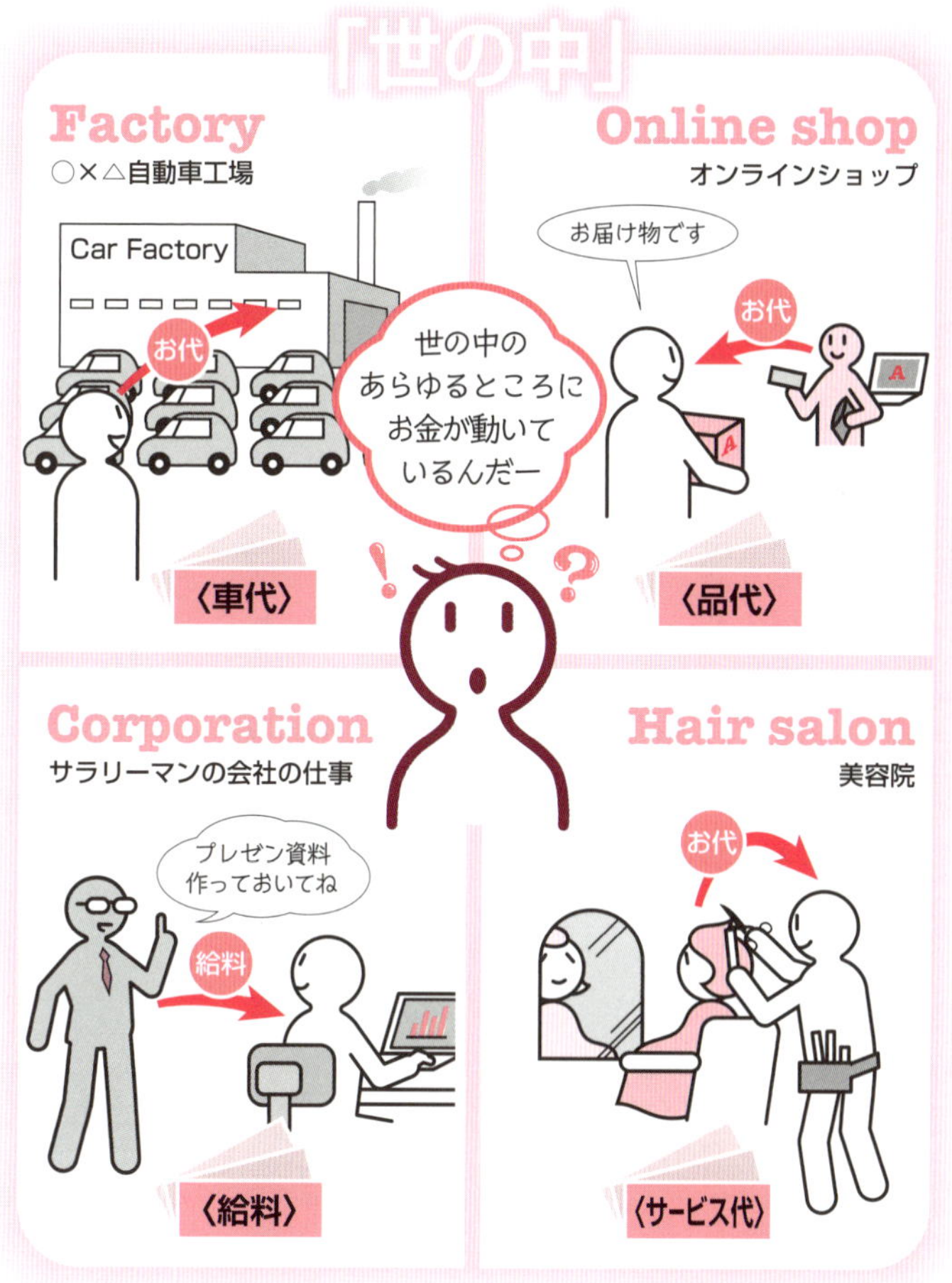

人に、価値を提供しているのです。

このように、だれかの問題を解決することで、お金は創り出されています。

世の中すべての人が、何かしかの問題を抱えていて、それを解決して欲しいと願っていて、その問題を解決する人や店や企業に、お金が支払われます。

だから、お金は世の中のあらゆる場面に介在するのです。

そして、**お金の教育をするということは、世の中すべてのこととつながっている**といえるのです。ようは、世の中すべてのことを学ぶと言っても過言ではありません。

それゆえ、お金の教育は、教育のすべてなのです。

〝金銭〟教育だけでなく、〝金融〟教育も行う

みなさんは、お金の教育というと、どんな内容をイメージするでしょうか?

お金の数え方、買い物の仕方、お小遣いの使い方、貯蓄の大切さを伝えることだと考えるかもしれません。しかし、これだけでは十分ではありません。

「魚を与えるのではなく、魚の釣り方を教えよ」という有名な言葉があります。

出典はさまざまで、老子であるという説やお金持ちが多いといわれるユダヤ人の教えだという説もあります。

出典はともかく、教育の最も重要な要素を伝える言葉だと思います。実際、私がこれまで交友してきたリッチマインドの子どもたちに伝えている教育も、まさに、「魚の釣り方を教える」方法です。

親から与えられたお金を使いきってしまったら、子どもはあっけなくお金を失ってしまいます。また、親から躾られたとおりに貯金をしていても、インフレが起きてしまえばお金の価値はどんどん下がっていきます。つまり、どんなにお金を与えても、あるいは貯蓄の大切さを伝えても、それだけでは子どものためにはならないのです。

もっと大切なことは、**どのようにしたら手元にあるお金を使って、さらにお金を増やしていくことができるのか、という「魚の釣り方」を教える**教育です。

これが本当のお金の教育です。

単にお金を増やす投資の方法を教えるだけでなく、**「社会の中でお金がどのように動いているのか」、つまり経済の仕組みや、お金を生み出す働き方、そして仕事の選び方という、つまりはキャリア教育についても及ぶ**のです。

大学3年生になって、にわかに「日経新聞」を読み始める大学生も多いですが、そんな付け焼刃で企業研究をしても、自分にあった会社を見つけることはむずかしいでしょう。子どもの頃からお金の教育をしていれば、そんなにわか勉強をする必要はありません。

どんな企業で、どんなスキルを身につけたいのかをもっと前から自然と考えるようになるからです。

それらすべてを包括して、学び続ける姿勢を身につけさせることが、本当のお金の教育だと思います。

「キッザニア」で子どもたちが体験する多くの職業が消える！

さまざまな職業体験ができるということで人気がある「キッザニア」。我が家の子どもたちも大好きなテーマパークでした。早くから世の中の仕事を知るのは価値があることでしょう。

ところが、**「キッザニア」で体験できる職業、つまりは現在ある仕事の多くが、10年後には消える**と言われています。10年後と言えば、まさに、今、小学生や中学生である子どもたちが社会に出ていく頃ですね。

「キッザニア」で体験できる仕事の多くが、今後、消える、あるいは形を変える可能性のある仕事に分類されます。子どもの時代に職業体験していて興味を持った仕事が、いざ就こうと思ったときには、ないという現実が待っているかもしれません。

将来のシミュレーションのための職業体験ではなく、かつてあった仕事の体験となってしまうなんてこともあるでしょう。

会計コンサルティンググループPricewaterhouseCoopers（PwC）が２０１７年に分析・発表したレポートでは、15年以内に（２０３２年までに）機械化により自動化される仕事の割合が米国で38％、ドイツで35％、イギリスで30％、そして日本では21％になるとしています。

つまり、**２０３０年頃には、日本国内で21％の仕事が機械化・自動化され、海外では、30％以上の仕事が人間の手から離れると予想されている**わけです。

一部には、この予測をはるかに超えて、約半数以上の仕事が機械などに取って代わられ、多くの人が失業するという恐ろしい予測をする人もいます。その背景には、人間に代わるＡＩ技術や新たな設備に多くの資金が投入されているためです。

10年、15年後、多くの子どもたちがどんな職業に就くとしても、「安心」と「自由」のある人生を歩むために、どんな働き方を選んでいく必要があるのでしょうか？

その点についてみていきましょう。

3 「安心」と「自由」を得るための働き方・稼ぎ方とは

「安心」と「自由」を手に入れる働き方とは？

働き方について教えることは、お金の教育の中でも大切な部分です。

現在の教育では、世の中にはどんな働き方があるのかを教えてもらえる機会がほとんどありません。

単に、どんな職種があるかだけではなく、その職種に就くことによって、どんな仕組みでお金を得ることができるのかまでを教える必要があります。

ここでは、「安心」と「自由」を手に入れるための働き方とお金の稼ぎ方について、話をしていきたいと思います。

『金持ち父さん、貧乏父さん』シリーズの著者として知られる実業家のロバート・キヨサキ氏は、別の著書『改訂版　金持ち父さんのキャッシュフロー・クワドラント』（白根美保子訳　筑摩書房）のなかで、世の中の働き方を４つの象限に区分しています（61ページの図１-３参照）。

以下、この章ではこのキャッシュフロー・クワドラントを参照しつつ、私が独自に考える「安心」と「自由」を手に入れる働き方について、お伝えしていきます。お子さんの将来の働く姿をイメージしながら読み進めてください。

まず、会社から雇われている被雇用者、「E＝employee（エンプロイー）」の人たち。言わば、真面目にコツコツと働いてお金を貯める人たちですね。次に、「S＝self-employed（セルフエンプロイド）」。直訳すれば「自分で自分を雇用している人」という意味で、一般には自営業者や起業家をさします。

3つめは、ビジネスの場を提供する人である「B＝business owner（ビジネスオーナー）」。そして、4つめが「I＝investor（インベスター）」、投資家ですね。

このうち、**4象限の左側にあるEとSは労働収入、つまり、労働の対価として一時的に生まれる収入を得る働き方**を表しています。

一方、**右側にあるBとIは資本収入、これは、資本によってもたらされる、継続的に入ってくる収入を得る働き方**です。

このように、大きく分けて、2つのタイプの収入を得る働き方があります。

EとSは、自分の人生の時間を切り売りして、他人の問題解決をして、お金を得て

いる人たち。すなわち労働を提供した対価として収入を得ています。労働をしない限り、収入を得ることができませんので、会社や仕事に縛られる「自由」がない人生を歩むことになります。

一方、**Bは他人や会社に働いてもらって収入を得ている人たち**です。言い換えるなら、他人や会社に問題を解決してもらっています。

そして、**Iは株や不動産などに投資をして資本収入を得ている人たち**です。問題を解決している会社に自分のお金を投資して、問題解決をしてもらっています。

自分が労働をせずとも収入が入ってくる「安心」があり、しかも時間的なゆとりもあるので、「自由」もある人生を送ることができます。

本書では、**自分の時間を切り売りして収入を得ているEとSを「プアマインド」**、**ビジネスやお金を働かせて収入を得ているBやIを「リッチマインド」**と呼びます。

この呼び方は、EやSの働き方をすることが悪いという意味ではありません。

問題は、そのような働き方だけしかないと思わせる教育にあります。

BやIの働き方が社会にとっても個人にとっても重要で有益であることを、学校も親も教えてくれないことが問題なのです。

また、BやIの働き方のうち、Bのビジネスオーナーになるには、ハードルがかな

図 1-3 お金を稼ぐための「4種類の働き方」

【出典】『改訂版 金持ち父さんのキャッシュフロー・クワドラント』
（ロバート・キヨサキ著 白根美保子訳 筑摩書房）

り高くなります。むしろ、誰にでもできる働き方はＩであり、その教育をできるだけ早い段階から行っておくべきだと、私は考えています。

株などの金融商品や不動産に投資をすることは、Ｂの働き方に比べてハードルが極めて低く、適切な知識を持っていれば、だれでも行うことができます。

このように、**Ｉは手軽な形で資本収入を得ることができるため、安心と自由のある人生には欠かせない働き方**なのです。しかもＥやＳで仕事をしながら、Ｉとして資本収入を得ることももちろん可能です。

Ｉは世の中の問題を解決するためにＥやＳのように自分の時間を提供するのではなく、自分がこれまで蓄積したお金を提供します。

自分の時間（人生の一部）を切り売りして蓄積した大事なお金を、他の人や企業に提供することで、自分だけでは解決できない大きな問題の解決に貢献しているのです。

一方で、Ｉでは提供をした大事なお金が目減りすることもあり得ます。

しかし、Ｉはこのようなリスクを取って、社会の発展に貢献をしているのです。

そして、このＩという働き方・稼ぎ方を選ぶことこそが、「安心」と「自由」を得るために絶対に必要なのです。

この教育を子どもたちに与えて欲しいと願います。

図 1-4 ミアン・サミが考える４タイプの働き方と稼ぎ方

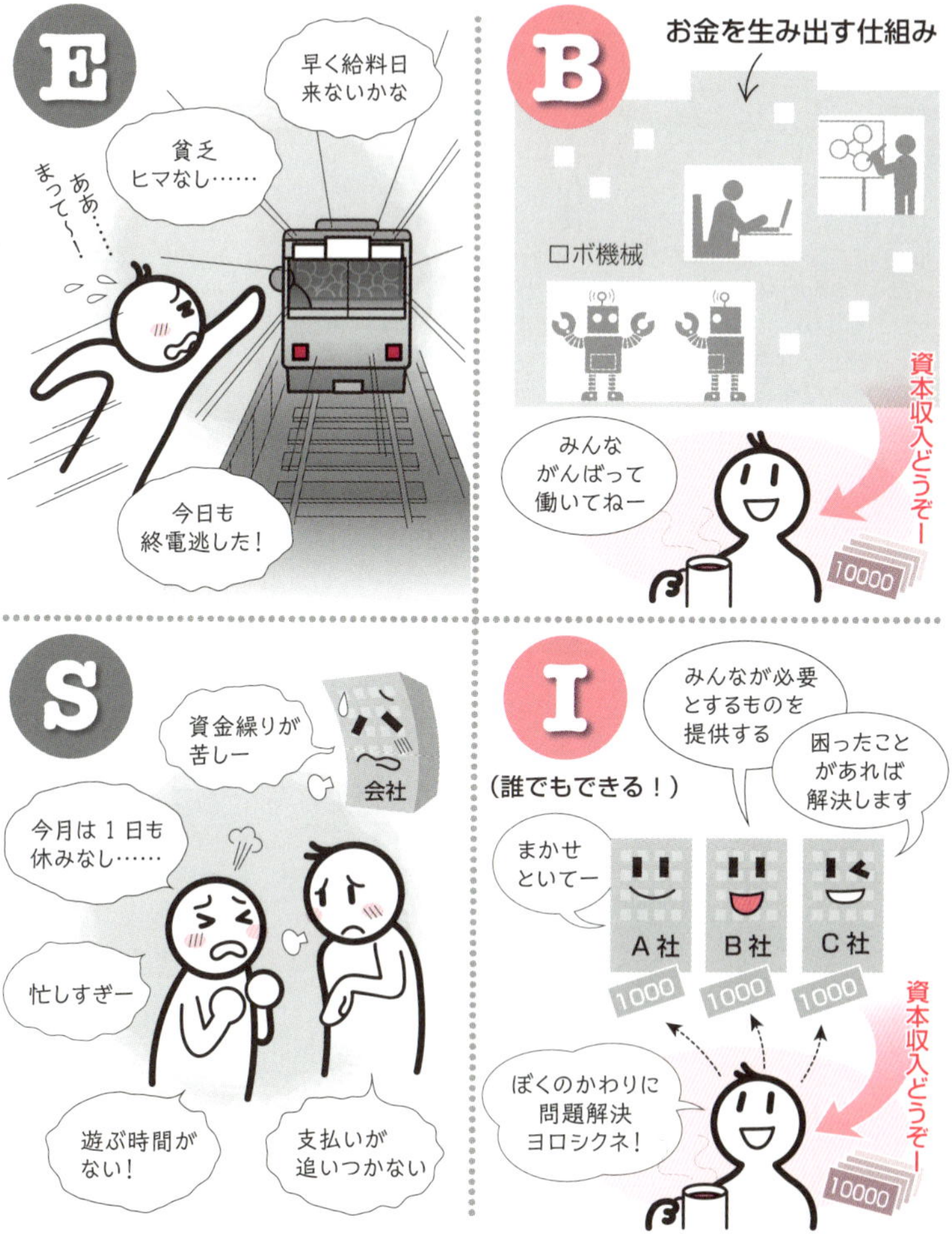

4 このままでは「所得格差」は広がるばかり

Iはより裕福になり、Eはより貧しくなる

全世界で150万部を超えるベストセラーとなった『21世紀の資本』の著者、トマ・ピケティ氏（パリ経済学校教授）によると労働から得られる収入より、資本から得られる収入のほうが今までも、今後も多くなると言います。彼は、これにより格差も広がり続けることを強く危惧しています。

お金をたくさん持っている人は、それを種銭として投資をし、資本収入を得て資産をさらに増やし、その増えた資産を再び投資して、といった好循環に入ることができます。しかも、どんな経済状況でもその時々に最適な金融資産は存在します。

一方、貧しい人たちは、経済の波にさらされながら、労働収入から得た少ない給料の中でなんとか生活をやりくりして、いくばくかの現金を金利の少ない預貯金に回しています。

そしてその貯金の価値さえもが、インフレにより目減りしてしまうのです。しかも、

図 1-5 「持てる者」はより豊かに、「持たざる者」はより貧しくなる

●技術革新で労働者はどんどん仕事を奪われる

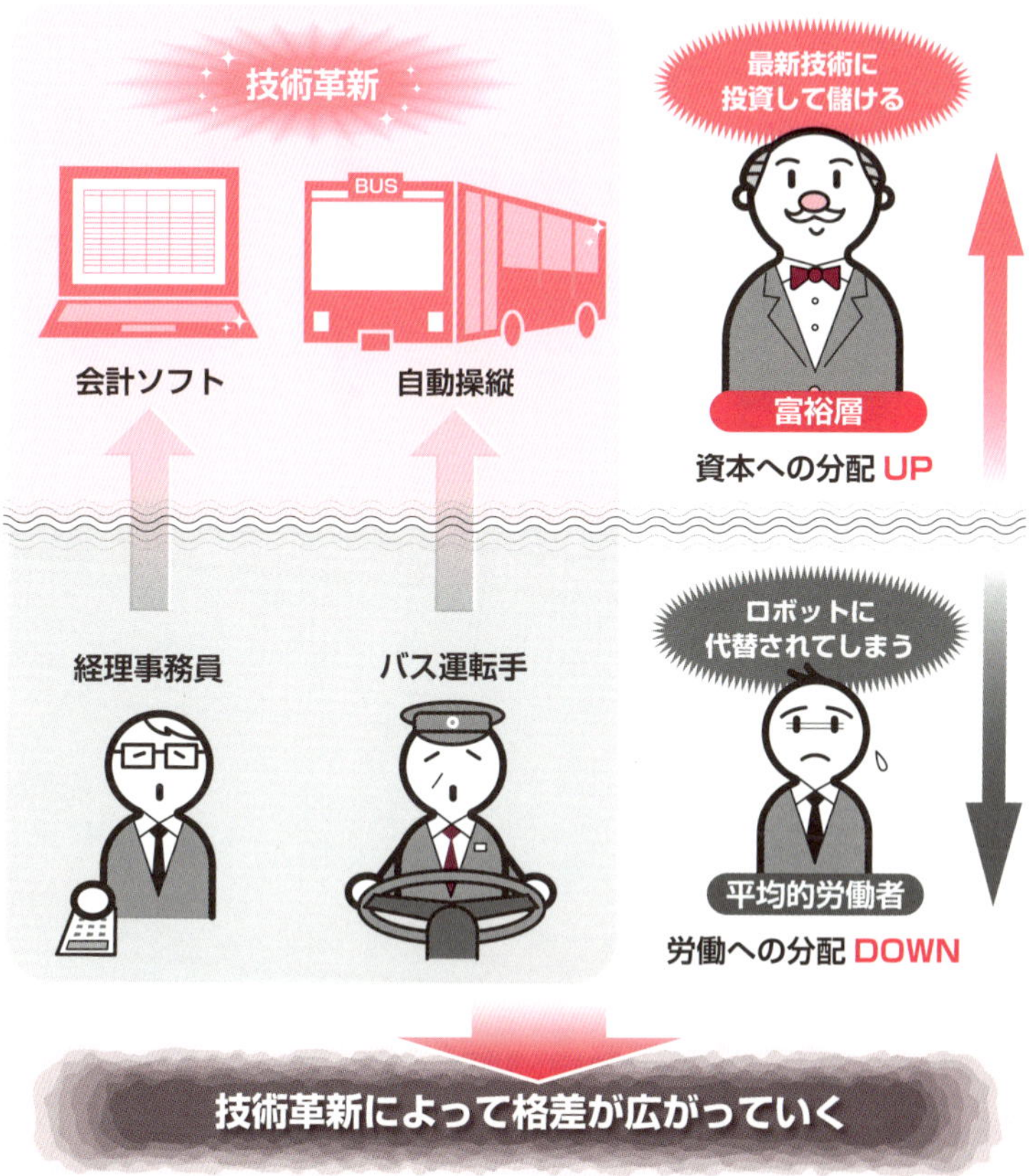

【出典】「週刊現代」2015 年 2 月 21 日号（講談社）

少ない収入の一部を預貯金に回した結果、使えるお金（可処分所得）が少なくなりますので、さらにやりくりが大変になってきます。そしてそれに追い打ちをかけるように技術革新が進むことにより、労働者に支払わていた収入はその機械の所有者であるＩに移行していきます。

優秀なEの人たちを量産する教育

これまでずっと行われ続けてきた日本の教育の中では、できるだけ良い成績をとって良い学校に入り、良い企業に就職することが良いこととされてきました。これは、優秀なＥの人たちを育てるための教育でした。

この考え方はいまだに根強く、働き方の多様性が叫ばれる昨今であってもなお、多くの親が良い学校→大企業というレールを生きるべきだという信仰から逃れることができていません。

既存の教育観から抜け出せずに、Ｅの教育のみに労力を費やしている家庭や学校が相変わらず多数派です。

しかし、**学校の通信簿は、良い大学や企業に入るためには有効ですが、Iの働き方をするにはまったく関係ない**のです。

すべての子どもに必要なのは、Iの教育

Iのマインドを育てるための教育は、Eの真逆をいきます。

Iは、社会に新しい価値を提供しようとしている企業、つまりは、Bの人たちを見つけだし、その企業の可能性に投資をしていきます。BとIの力が合わさることで、社会がより良い方向に発展していけるのです。

子どもたちがどんな職業に就くかは予想できませんが、**Iのリッチマインドを持っているかどうかが、将来の子どもの「安心」と「自由」を大きく決める要素になるこ**とは間違いないのです。

実際、社会に出て働き始めるスタート時点では、Eからスタートすることが一般的です。かくいう私自身も、大学を卒業した後は証券会社の会社員としてスタートしました。

ただ、私が危惧することは、ほとんどの人が、Eの「自分の時間を切り売りする」働き方しかないと思い込み、Iへの足がかりを失ってしまうことです。

残念ながら多くの人がこのようなEに囚われたまま毎日仕事をしていて、そこから脱却する意識さえ持っていないのが現実です。

ここで、重要なことは、**EやSの働き方を選んだ場合でも、Iのリッチマインドを持つことができるかどうか**、ということです。そのための教育が、学校でも家庭でも行われる必要があるのです。

小学校で株取引について教える世界の国々

金融大国のアメリカやイギリスの小学校では、株をはじめとした投資について教えています。2014年にはイギリスでは教育省主導のもと、投資教育が学校教育の中に導入されています。

これらの国では、子どものうちからお金の知識を持つことは良いことだとして、多くの家庭で子どもに投資を教えており、実際に株式投資をしている子どももいます。

一方、日本はどうでしょうか。2016年に金融広報中央委員会が行った「金融リテラシー調査」によると、日本は英国やドイツに比べて、金融リテラシーに関する共通問題の正答率が10％も下回っています。特に、18～34歳の若い世代の正答率が低いことがわかります。

この金融リテラシーという言葉は、本書で再三紹介しているファイナンシャルリテラシーとほぼ同義語でしょう。

図 1-6 金融教育の経験／米国と日本の金融リテラシーの比較

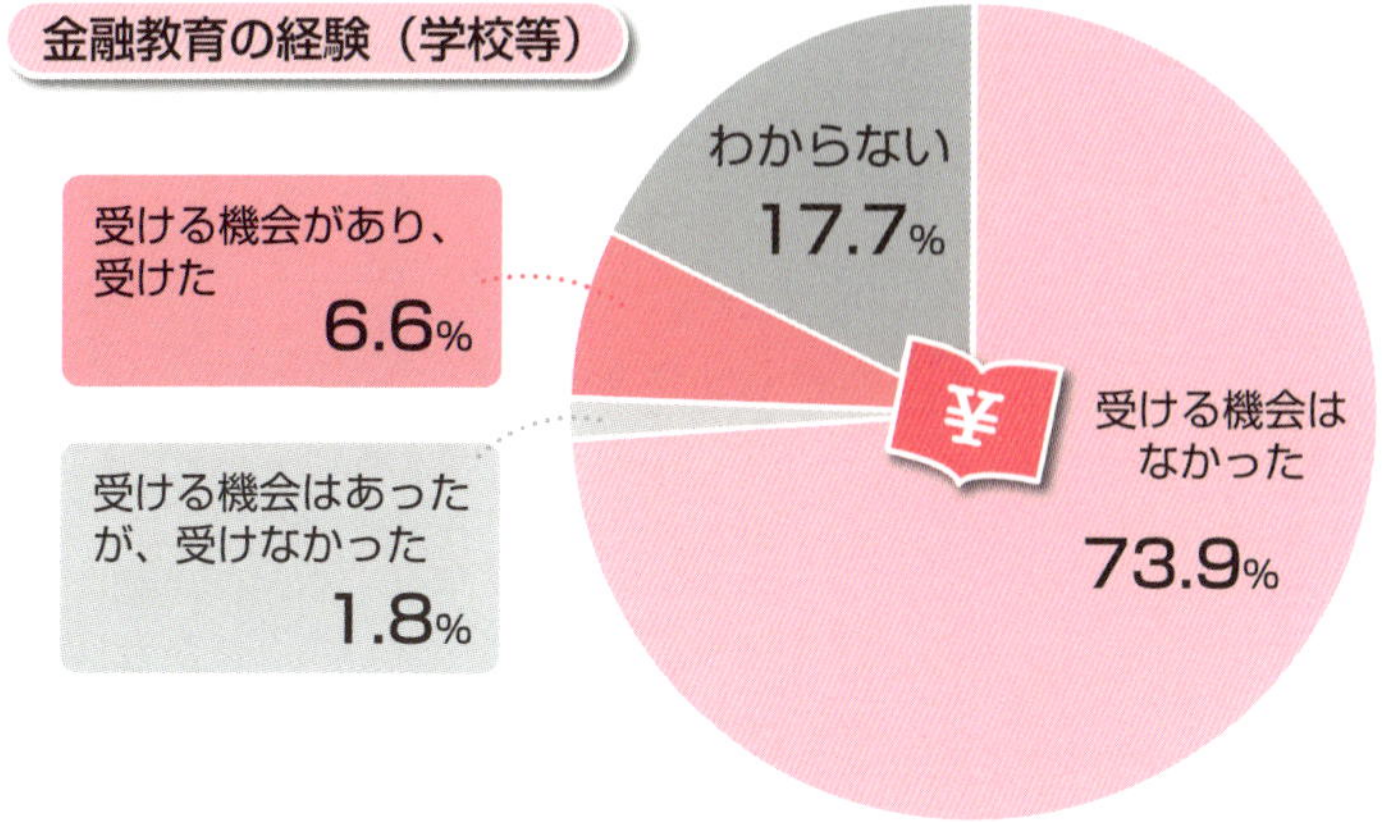

米国と日本の金融リテラシーの比較

（単位：%）

	日本	米国
正誤問題５問平均	47	57
①複利(5年後)	43	75
②インフレ	56	61
③住宅ローン	68	75
④分散効果	46	48
⑤債券価格	24	28
男性	54	64
女性	41	52
18歳～34歳	35	46
35歳～54歳	46	58
55歳～79歳	56	66

低い！

【出典】金融広報中央委員会「金融リテラシー調査」より抜粋

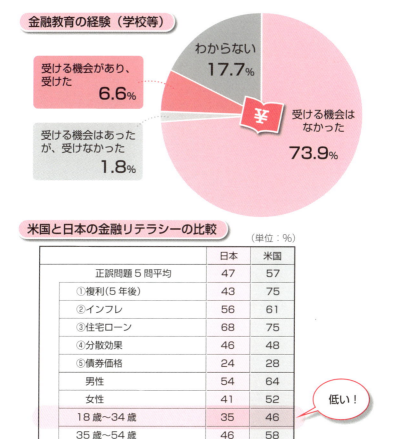

さらに、学校等で金融教育を受けた人の割合は日本は6・6％。米国の3分の1という低い結果が出ています。

この調査を見ると、20歳になっても、30歳になっても、投資を経験したことのない人のほうが圧倒的に多いことがわかります。

私のお金の勉強会には、東京大学をはじめとする高学歴のEやSの子育て世代がたくさん集まってきます。

その人たちが口をそろえて言うのは、Iのマインドを持つことが大切だということは頭ではわかっているけれど、行動に踏み切るのは難しいという悩みです。

このことから、子どもの頃からIのマインドを育てることをしないと、EやSのプアマインドから抜けだすことには大変な労力を要することがわかります。

そのことに気が付いた彼・彼女たちは、できるだけ早い段階から自分の子どもたちにお金の教育を受けさせたいと口を揃えて言っています。

Financial Education

5 最大の成果を得るための最小の努力とは何か

パレートの法則と「お金の教育」

パレートの法則というものがあります。この法則は、1986年にイタリアの経済学者であるヴィルフレド・パレート（Vilfredo Federico Damaso Pareto）が提唱した法則です。

経済活動において全体の数値の大部分（8割）は、全体を構成するうちの一部（2割）の要素が生み出しているというものです。

別名で、「80：20の法則」と呼ばれています。もともとは、売り上げの80％を生み出しているのは、20％の顧客だという考えがもとになっています。

現在では、「売り上げの8割は、全従業員のうちの2割の人で生み出している」など、ビジネスの分野だけでなく、「教科書に書かれていることの2割を覚えれば、テストで8割以上が取れる」とか、「物事の本質の8割は、2割を見ればわかる」など、さまざまなシーンでこの考え方が活用されています。

私はこのパレートの法則が、教育にも応用できると考えています。すなわち、教育に必要な全体の要素のうち、2割を「お金の教育」に費やすことができれば、それが教育の全成果の8割を達成できるという考えです。

ちなみに、すでにお伝えしているように、私が考える教育の全成果とは、子どもにリッチマインドになってもらうことです。

多くの親が、さまざまな知育教材を買ったり、いろいろな考えに基づいた幼児教育を取り入れようとしたり、あるいは学校選びに奔走し、受験では大量の時間とお金を注ぎこみます。その労力と費用たるや、相当なものでしょう。

しかし、どれだけ努力しても、その努力の仕方がこれまでの教育方法のままでは、子どもの将来に対して安心できるほどの成果は出せないと思います。

現実には、ほとんどの子どもが、毎月の生活費を稼ぐことで精いっぱいの「E（勤め人）」となるか、あるいは、多くの責任とリスクを抱えながら、365日休みなく働き続ける「S（個人事業主）」になる未来が待っているのです。

そんな多大な労力を払わずとも、もっと確実に、子どもに「安心」と「自由」のある人生を送るための教育を施す方法があるにもかかわらずです。

それが、**2割の部分の力を「お金の教育」に注力する**ということです。

図 1-7 お金の教育とパレートの法則

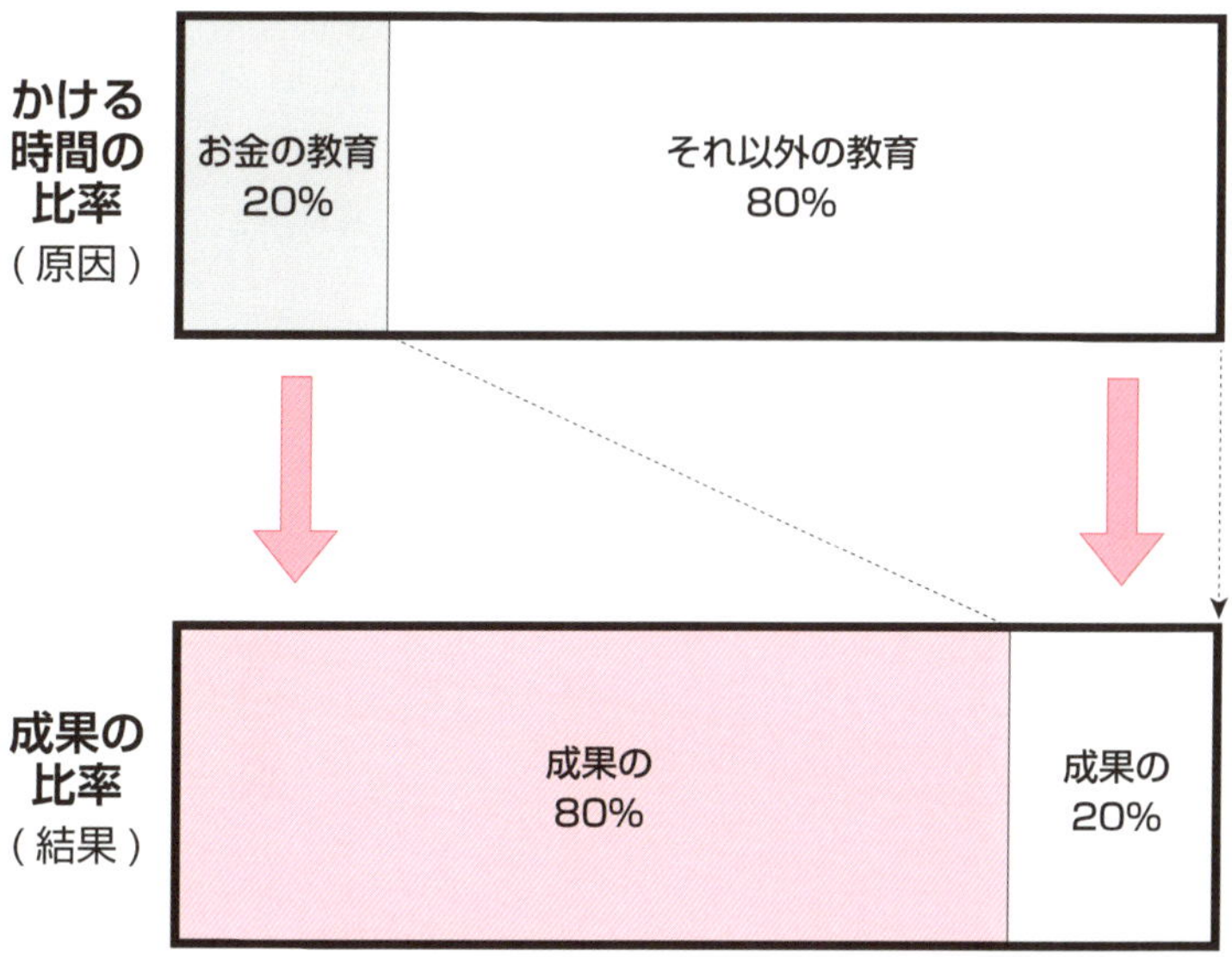

今、かけている教育費の20%、あるいは、使っている時間の20%を「お金の教育」に使ってみる。そんな新しい姿勢でこれからの教育を考えてみてはいかがでしょうか。

ファイナンシャルリテラシーの80：20の法則

「お金の教育」を始めようと思っても、どこから始めたらいいかわからない。それが多くの親御さんが抱く率直な気持ちだと思います。

「〝数字〟は苦手だし、〝経済〟には疎いし……」、あるいは、「投資には興味あるけど、やっぱりちょっと怖いし、子どもにはせいぜい小遣いの使い方を教えられるくらい」という方もおられるでしょう。

そんな自信のない声が多いのは当然のことです。

お金の教育、つまりファイナンシャルリテラシーを子どもに教えようと言っても、情報があまりにも多すぎて、どこから手を付けていいかわかりませんよね。

そこで、本書では**子どもに身につけさせたいファイナンシャルリテラシーの中でも、もっとも大事な部分に絞り込む**こととしました。

その部分とは、**「マインド」「お金の仕組み」「お金の歴史」、この3つ**です。

この3つはお金の知識の2割に過ぎませんが、ファイナンシャルリテラシーに関し

図 1-8 ファイナンシャルリテラシーとパレートの法則

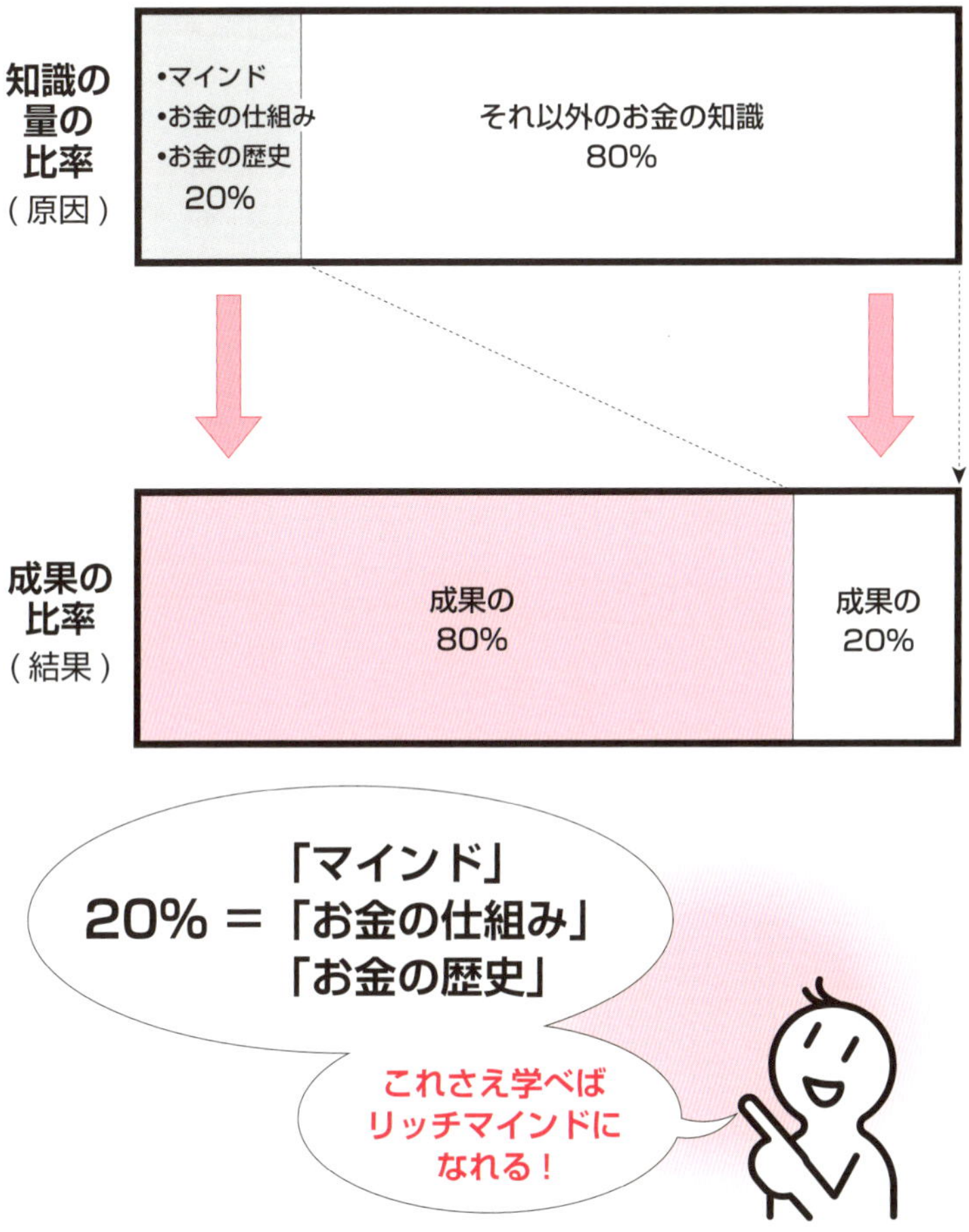

て8割の効果を出せるのです。なぜならば、この2割さえ押さえれば十分というくらい、「マインド」「お金の仕組み」「お金の歴史」の3つが重要だからです。

お金を俯瞰してみる目を養う

なぜ、「マインド」「お金の仕組み」「お金の歴史」の3つがもっとも大切であるのかについて、私の体験を交えて少しお話しさせてください。

日本で生まれ育った私は、国内のインターナショナルスクールを卒業した後、アメリカの大学に進みました。

卒業後、証券会社に進んだのですが、なぜ金融業界を選んだかというと、いろんな企業について調べた結果、最も給料が高いのがこの業界だったからです。

つまり私は「お金持ち」になりたかったのです。そのためには、一番高い給料をもらえる会社に入ることが最良の方法だと考えました。

これが私のEとしてのスタートです。私の仕事は、お客様から多額のお金を預かり、それを運用したり、管理したりするものでした。一時期は日本の円にして6000億円を超える巨額の資産運用を任されていました。

証券会社の給料は高く、初任給は年収で約800万円以上。私の運用パフォーマンスも良かったため、毎年のように給料が「倍増」していきました。

ついに年収1億円を超える頃は、「自分はすごいな～」とまさに〝天狗〟状態（苦笑）。金融の世界で、若くして億単位のお金を稼いでいたその頃の私は、自分を「リッチ」だと思っていたのです。

しかし、たくさんもらっていたはずの給料も、自分では無駄遣いをしているつもりはなくても、なぜか一瞬で消えていきました。

でも、また必死に働けば、収入を得ることはできました。ようは、**頑張って働けば、お金が手に入るというちょっとした「安心」が自分の中にあった**のです。

しかし、毎日必死にデスクに張り付き、4つのパソコンを駆使し、神経をすり減らしながら仕事をし続けていくと、次第に疲弊していきました。**お金を手にするために必死になって働きましたが、「自由」はなかった**のです。

つまり、私は、**どんなに高い給料を得ていてもプアマインドのEだった**のです。

心身共に疲弊した私は考えました。

「そうか、資本収入を手に入れればいいのだ」と思いつき、入社して3～4年が経った2005年頃から、投資を始めるようになりました。

それまで、たくさんのお金を運用してきたので「自分でもできるだろう」と自信満々。しかも、２００５年〜07年は右肩上がりで景気も良かったのです。

さまざまな投資に手を出し、07年には、港区にある１００平方メートルの高級マンション、当時の価格で２億４０００万円の物件を購入しました。頭金は５０００万円、残りはローンを組んだのです。

さらに、モロッコ、カリブ海、フランスなどの海外リゾート地の不動産も買いまくりました。その動機は極めて単純。自分がいない時には人に貸せるし、休みの時には自分の滞在先として遊べるため一石二鳥の買い物だと考えていたのです（笑）。

つまり、「自由」が手に入ると思っていたのです。

ところが、人生の大転落が起こります。

翌年08年にリーマンショックが起こり、所有していた海外不動産の価値はほぼゼロに。その他のＦＸや株式も暴落し、一瞬にして数億円の資産を失ってしまったのです。一気に、手元のお金がなくなり、破産寸前にまで追い込まれました。しかも、その時、私は会社を辞めて事業を始めたばかりでした。安定した収入がなかったのです。

そして、資金繰りがうまくいかずやむなく廃業に追い込まれます。プライベートでは、結婚をしたばかりで、妻は妊娠をしていました。

もうすぐ親になろうとしている人間が破産寸前なのですから、目も当てられません。

さらに、追い打ちをかけるように、父親ががんになったとの知らせが届きます。

「自由」を追い求めるあまり、「安心」して生きるためのお金も無くなったのです。

重大かつ深刻なことが一気に起こって、私は身も心も再起不能なほどのダメージを受けました。

自分の中に足りなかったお金の知識

このどん底の時に痛烈に感じたことは、「二度とこんな大きなミスを起こすまい！」との思いでした。そのためにファイナンシャルリテラシーを身につけることが、「安心」と「自由」のある人生を手に入れるために必要だと痛感したのです。

自分を見つめなおし、お金について学びなおした結果、それまでの自分では十分にあると思い込んでいた「ファイナンシャルリテラシー」の中で大きく欠落しているものを発見しました。

それが、**「お金を俯瞰的な目で見る視点」**だったのです。

ファイナンシャルリテラシーがある状態とは、「あまたあるお金に関する情報から、**〝自分〟にとって必要な情報を引き出し、適切に判断して、行動するために活用でき**

る状態のこと」です。

ことごとく失敗していた頃の私は、自分にとって必要な情報ではなく、他人が成功している情報から、他人の判断で投資を行っていたのです。

人によって、持っている資産も、払うべき税金も、収入や支出の額も違います。それらを考慮せずに、単に儲かりそうだと考えて、金融商品や不動産に投資をしてもうまくいくはずはありません。

したがって、本当に真似すべき点は、**リッチマインドの彼らが持っている「お金を俯瞰的な目で見る視点」**だったのです。どのような根拠から投資商品を決め、投資タイミングを見極めているのかという視点です。

その視点がどのようにすれば持てるのかを自分なりに考え、研究をつづけました。

そしてわかったのが、**お金を作り出す「マインド」を整えること、「お金の仕組み」を理解すること、そして、「お金の歴史」を知ること**、この3つだったのです。

もし私が、この3つを持ち合わせていたのなら、あれほどの痛手を経験せずに済んだことでしょう。

投資の判断軸を作る3つのポイント

この3つの点を学びなおした私は、なんとかピンチを切り抜け、その後は順調に資産を増やすことができるようになり、「安心」と「自由」のある人生を手にし、愛する家族と幸せな人生を歩めるようになりました。

そして、4人の子どもたちにも、この3つのポイントを日頃から話すようにしてきました。

さらに、もっと多くの人に、ファイナンシャルリテラシーを向上して欲しいと願い、活動を行っています。

お金に関する講演会やセミナーを開催していると、よく聞かれることがあります。

「良い投資商品を教えてください」

「不動産はどれを買うのがいいですか」

この質問を受けるたびに、まるで、かつての自分の姿を見ているような気持ちになります。そして、そんな質問に私は毎回こんな風にお答えしています。

「わからないですね」

これは、意地悪で行っているのではなく、質問をしてくださった方を尊重した、正直な気持ちです。

何に投資するかは、その人の状況によって変わってくるため、どれがいいかということを私が判断するのは難しいのです。仮に私が、その場で具体的な投資の銘柄や方法を教えたとしても、そのアドバイスが適切であるかはわかりません。

いつ、何に、いくらを投資するかは〝自分〟で決める――。これが投資の鉄則です。

その判断軸を作るために、最も重要なことが、「マインド」「お金の仕組み」「お金の歴史」なのです。

そしてこれは、親御さんが投資をする場合でも、お子さんにお金の教育をする場合でも、同じく重要なことです。

第2章

子どもの将来は「お金の信念」で決まる

この章のSummary

- 幼児期に、お金に対する信念は形成される

- お金に対する信念が人の感情を作り、行動を決める

- 親が抱くお金の信念は、子どもに伝染する

- 家庭内で、もっとお金について語ることが必要である

- お金に対する思い込みを外すために、お金を科学的にとらえよう

Financial Education

1 親のお金に対する信念は子どもにそのまま伝染する

5歳の子どもが描いた絵に映るお金の信念

お金の教育を始めるにあたり、まず押さえておきたいのが「マインド」です。

では、子どもたちに身につけさせたいお金のマインドとはどんなものでしょうか。

私が主催する「ファイナンスジム」というお金の勉強会に参加しているお母さんが、先日こんな話をしていました。

5歳になる息子さんが熱を出して、急遽仕事を休まなくてはならなくなってしまったある日のこと。大事な仕事の約束が入っていたこともあって苛立ってしまい、つい、「あなたのせいで、仕事を休まなくちゃいけなくなっちゃったわ」と愚痴ってしまったそうです。

すると、その息子さんは寂しそうな表情で奥の部屋に入って行ってしまいました。しばらくして部屋から出てくると、「ぼくが、保育園を休んで、ママは仕事ができないから、パソコンを描いたよ」と言って、自分で描いた絵を渡してきました。

そこに描かれていたのは、パソコンとその周りに散らばる10円や100円玉の絵でした。その子の中では、**お母さんが一生懸命にパソコンをたたくことが、お金を生み出すものであるという概念ができあがっていた**のです。

その絵を見てハッとした母親は、自分の言動が、いかに子どものお金の信念の形成に大きな影響を与えているかを、身をもって知ることになった、と言います。

そして、「仕事に一生懸命になるあまりに、大切なことを忘れていた。自分の子どもと過ごすことよりも仕事を優先している自分がいた」と言っていたことがとても印象的でした。

このお母さんは、生活するための「安心」を手に入れるために仕事に励み、病気の子どもと一緒にいる「自由」な時間すら創るのが難しい状態だったのでしょう。

ギャンブル依存症の父を持つ5歳の子ども

私は現在、お金の教育活動の対象を大人だけでなく、幼少期の子どもにまで広げています。それであるとき、ある親子参加型のセミナーで、5歳の男の子からこんな質問を受けました。

その子はとても不安な表情で、「パパが家を出て行っちゃったんだけど、帰ってきますか？」と聞いてきたのです。

実はこの子は、お父さんがギャンブル依存症で家を出て行ってしまい、現在はお母さんと2人だけで暮らしているということでした。

正直、私はこの質問にどのように答えるのかとても迷いました。

そして、「パパが帰ってくるかはわからないけれど、お金のことを、これからいっぱい勉強して、そして、いつの日かパパに、ありがとうと言おう」と伝え、ぎゅっと強くその子を抱きしめました。

この子のお父さんは、「自由」を追い求め過ぎて、子どもたちに大きな「不安」を残していってしまったのでしょう。

ギャンブル依存症というと、極端な話のように思わるかもしれませんが、お金が原因で不幸な環境にいる子どもたちは実はとても多く、今、増え続けています。そして、そのような環境の子どもたちに出会うたびに、胸が締め付けられるような気持ちになります。

私は、このような子どもたちにこそ、確かなお金の知識を持って幸せに生きて欲しいと切に願っています。

実は、このセミナーの発起人は、この男の子のお母さんでした。シングルマザーとなった自分が、これからどのように生きていくかを真剣に考える中で、子どもと一緒にお金について学んでいきたいと考えたと言います。それが、このような学びの場を設けることにつながったのです。

この子のお父さんが我が子に与えてしまったお金のイメージは、「お金で家族は不幸になる」というネガティブなものだったかもしれません。でも、お母さんの前向きな姿勢と強い行動力がありました。これからのお金の教育によって、この子のお金に対する信念が正しいものになることを願います。

このように、**子どもは大人の言動をとてもよく見ています。そして、0〜6歳の幼い時期から、見聞きしたものや感じたものから、自分のお金に対する信念を形成させていきます**。

その信念の形成のほとんどが、家庭内で行われます。したがって、お金に対する信念の形成には、親の影響が絶大であるということをよくよく心得ておく必要があるのです。

幼いから、お金のことなどわからないだろうと考えるのは軽率です。子どもは、すべてを見ていて、確実に脳裏に焼き付けているのですから。

Financial Education

2 お金に対する信念が人の感情を作り、その感情が行動を決める

お金の信念は6歳までに形成される

人間は6歳までは、脳が全開放状態にあります。

人間は動物の中でもかなりひ弱な状態で生まれてきますので、とにかく生きのびるために脳を全録音状態にして、危険情報を察知したり、生きるための知恵を取り込もうとします。

この全開放状態の時に、見聞きしたことが、子どもの信念に大きく関与します。つまりは、**お金に対する信念も、6歳までにおかれた環境による影響でほぼ決まってしまう**のです。

赤ちゃんは生まれたばかりのとき、「お金」という概念を持っていません。

この脳が全開放の状態の時に、両親がお金についての会話をするとします。

「無駄遣いしないでって言ったでしょ！」

「来月の生活費、ちゃんと入れてよ！」

こんな**お金に対する会話は赤ちゃんの脳に記録され、「お金」は良いものであるとか、悪いものといった信念を形成していく**ことになります。

言葉だけではなく、その場の空気からも赤ちゃんは情報を記録していきます。

家のローンの返済に苦しんでいる家庭では、支払いの日が近づくたびに母親が不機嫌になったり、父親が嘆いたりします。そんな暗い雰囲気の家庭で育った子どもの脳には、「借金は人を不幸にさせる悪いもの」という情報が録音されます。

そして、**6歳までに録音されたテープが、ずっと頭の中に回り続けていきます。**

信念が行動を動かす

なぜ、お金に対する信念が大切なのかというと、その信念によって、人は行動をするからです。

もし、「借金は怖いもの」という信念があれば、大人になってからも、「借金＝不幸になる」という情報しか受け入れなくなってしまいます。

「借金」という言葉を聞けば、「怖い」「悪い」「不幸」「喧嘩」「不機嫌」などのイメージが喚起され、負の感情が起こります。そのような感情が起こると、世の中には、借金というリスクを負うことによって、お金を増やしている人もいるのですが、そん

図 2-1 お金の信念は6歳までに形成される

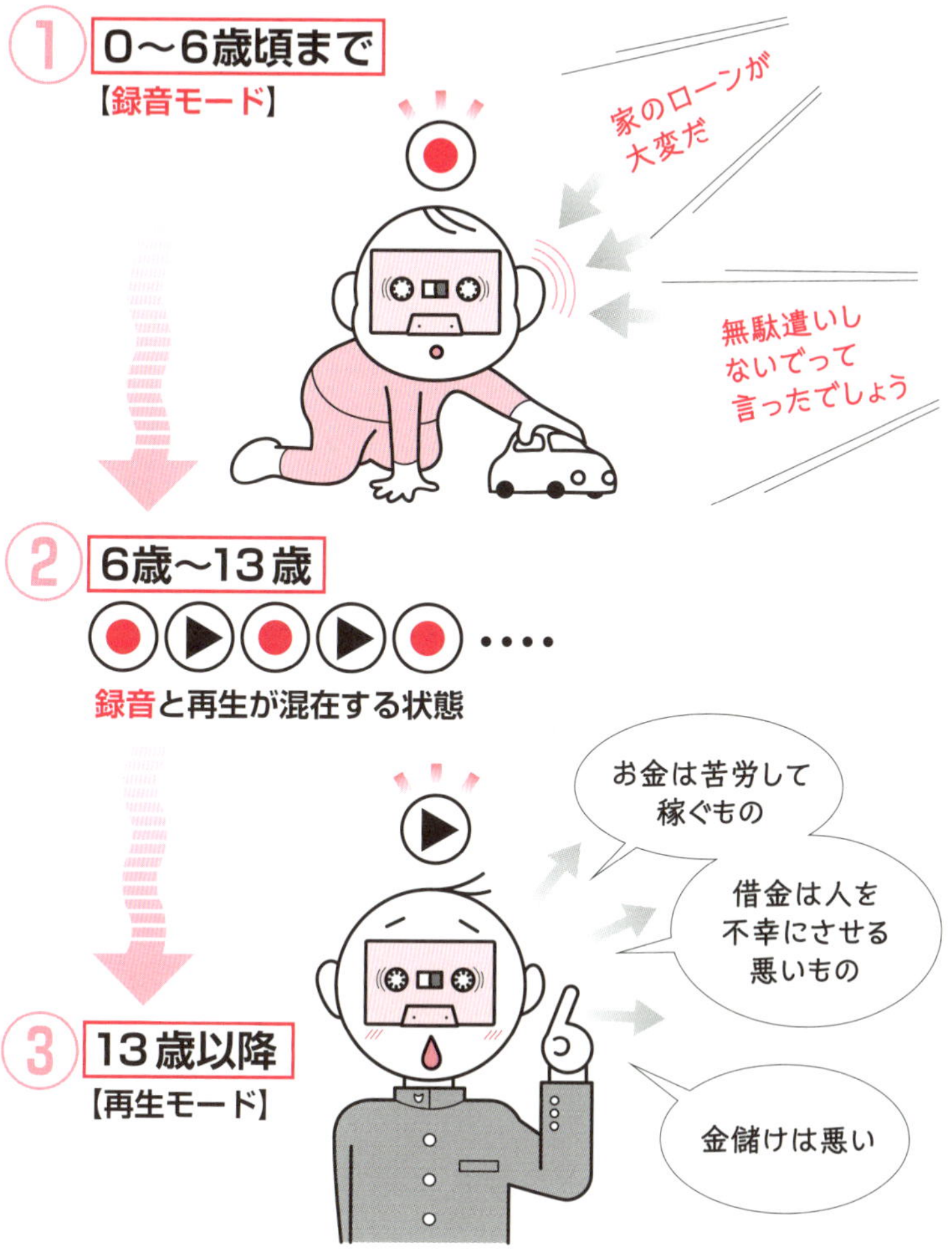

なことは、到底、信じることができなくなっていきます。

実際は、金持ちほど良い借金をしてお金を増やしていますし、企業も融資という借金を受けて事業を拡大しているのですが。

そして、当然、借金をしてお金を増やそうという行動ができなくなります。

同様に、「お金は苦労して稼ぐもの」と口酸っぱく言われて育った子どもには、「お金」＝「苦労して稼ぐもの」という録音テープがぐるぐる回っています。このような信念があると、お金とは労働収入で稼ぐことが正しく、資本収入でお金を稼ぐことに罪悪感を抱くようになります。そして、投資をするという行動にうつすことなどできなくなるのです。

このほかにも、
・「人からお金は借りるな」
・「人前ではお金の話をするな」
・「身の丈を越えるような金儲けをしてはいけない」
・「そこそこの生活ができればよい」
・「お金儲けは悪い」

などのフレーズがお金に対する負の信念を形成していきます。

人間の脳は、その後、録音と再生が混在する状態を経て、13歳くらいからは、再生モードに切り替わります。

この頃になると、「もっとお金があったらいいのになあ」と思いながらも行動にブレーキがかかってしまい、世の中のお金に関する情報から目を背けてしまうため、ファイナンシャルリテラシーが育ちません。その結果、「一向にお金は増えない」という人生を歩まざるをえなくなってしまいます。

お金の信念は子どもたちに受け継がれる

人の頭の中には、「小さい私」と「大きい私」がいます。

小さい私とは、「顕在意識」で、大きい私が「潜在意識」です。

「お金が欲しい（顕在意識）」と言葉にはしていながらも、**「お金儲けは悪い（潜在意識）」という6歳までに録音されたテープが脳内に回っていれば、小さい私（顕在意識）は、大きい私（潜在意識）に抑え込まれて**しまいます。

潜在意識は、顕在意識の200万倍とも言われ私たちの行動に大きな影響を与えると言われています。

潜在意識で「自由に生きるためのお金儲けは悪い」と思っているかぎり、顕在意識で「お金儲けをしたい」と思っていても、強力な潜在意識に勝つことは到底できません。勝てない戦いを続けていると、脳はどんどん疲弊していきます。

脳が疲弊すると、心身共にエネルギーがダウンし、欲しいものを得るための行動を起こせません。

第1章でみてきたように、労働収入と資本収入の差が開きつつある時代にもかかわらず、「投資をしてお金を儲ける」ことに対して、「働かずに儲けている！」などの悪いイメージがあり、なかなか投資行動に踏み切れない大人が多いのも、この脳内のテープが回り続けていることが原因なのです。

お金に働かせて、お金がお金を集めるという資本収入を得ることにやましさや怪しさを感じてしまい、今一歩踏み出せないのでしょう。

また、「必要以上にお金を稼ぐことはよくない」、「お金儲けは汚いこと」という信念を持っているので、会社勤めなどをして労働によって得られるお金は受け取るに値するけれど、投資などの実態の見えないようなもので、お金を手に入れることに「罪悪感」を感じてしまうのです。

図 2-2 小さい私（顕在意識）と 200万倍の大きい私（潜在意識）

実際に、投資がなかなか進まないのもこのような信念が背景にあるからなのでしょう。

また、「投資などのリスクを冒してまで収入をアップさせたくない」という、投資リスクへの恐怖心も大きな要因です。その恐怖心が、貯金へ人々を促し、労働以外のお金を手にすることを躊躇させてしまいます。

多くの人が、その働き方を変えられずにいます。その原因が、労働は美徳であるとかお金儲けは卑しいことだという信念であり、この信念が日本社会には強くはびこっていて、「貧困」と「格差」を生み出している大きな原因となっているのです。

そして、**このような思い込みが、子どもたちのお金に対する信念に多大な影響を与えていることに「無自覚」になってしまっている人が多いという点が問題です。**

「お金がすべてじゃない！」けど……

「額に汗して働く」という言葉があります。

そこに流れるのは、一生懸命に働くことを美徳とする倫理観です。

「土日もなく働いているよ」とか「毎日帰宅は午前様だ」と得意げに話す人がいますが、これは「こんなに自分は頑張っているよ」という一種のアピールであり、一生懸命に働いていることを認めてもらいたいという気持ちが込められています。

一方で、平日の昼間から仕事をせずに、好きなことをして過ごすことに、後ろめたさを感じる人は多いでしょうし、自分の子どもが将来そんな働き方をすることを望む親も少ないでしょう。

もちろん、「勤労を尊いことだ」とする考え方は悪いことではありません。働くことは、自分の能力を発揮したり、生きがいを感じたりすることができるという点においては、とても素晴らしいものです。

そのような勤労の良さは、ぜひ、子どもたちにしっかりと伝えていきたいです。

しかし、**問題なのは、お金を創り出す方法が、「自分の人生の時間を切り売りするしかない」という偏った考えだけに縛られている**という点です。

「馬の鼻面に人参をぶら下げる」ということわざは、好物をちらつかせて奮起させるといったたとえとして用いられますが、ほとんどの人たちが、まさに、そのことわざの馬のような状態ではありませんか？

「給料」という餌を手に入れるために、命を削って一生懸命に働いているのです。

「お金のために働いているんじゃない！」とか「お金がすべてじゃない！」などと言う人も多くいますが、そのようなことを言う人たちでさえ、現実には、まさにお金の

図 2-3 給料のために命を削っていませんか？

ために働いていると言わざるを得ないのではないでしょうか？

このようにして自分の貴重な人生の時間を切る売りして手に入れたお金は、その人の「人生そのもの」と言ってもいいものでしょう。

すなわち、労働で得たお金は、「人の命」だとさえ言えます。だからこそ、お金をあがめたり、恐れたりする気持ちが生まれるのだと思います。

しかし、**世の中には、一生懸命に働かなくても創られるお金がある**のも事実です。

それが、**投資などから創る資本収入**です。

3 お金を感情から切り離し、偏見を外す方法

お金に対する偏見を外してみる

子どもにお金の教育を始めるにあたって、最初にやるべき最も重要なことは、**親自身のお金に対する偏見を取っ払う**ことです。

「金儲けは汚い」「借金は悪である」「投資はリスクである」などの偏見を自ら外すことがお金の教育の第一歩です。

「お金儲けは悪い」とか「株はギャンブルである」とか「投資をしたらお金を失う」といった恐怖を親が感じているうちは、自分自身が行動に移すことができません。

人によっては、既に何度か投資に挑戦してみたにもかかわらず、手痛い目に遭った経験から投資に嫌悪感を抱えている人もいるでしょう。

しかしそれは、まだ正しいファイナンシャルリテラシーが身についていないことから起きた失敗です。**正しいファイナンシャルリテラシーの身につけ方は第3章、4章で説明しているお金の仕組みと歴史の理解から始めるべき**です。

もし、親御さんが投資は怖いものだと感じて、そのまま考えを改める姿勢を持たなかったり、再び挑戦する努力をしなかったりしたら、当然、子どもたちに適切なお金の教育を施すことは難しいからです。

家庭内でお金の話をすることから始めよう

まず、お金の教育を始めるにあたり最初にお勧めすることが、夫婦間でお金に関する会話の機会を増やすということです。

「夫婦でお金の話なんていや！」「喧嘩の種になるからできるだけ避けたい！」と考える人もいるかもしれません。

でも、**お金を感情から切り離して、淡々とした気持ちで話ができるようになることが大切**なのです。実際、私たち夫婦はまだ子どもたちが生まれる前から、お金のことについてよく一緒に学んできました。

お金のことについて学んできたと言っても、何も難しい話をしていたわけではありません。たとえば、ロバート・キヨサキ氏が開発した『キャッシュフローゲーム』で遊びながらお金のことを学んでいた時期がありました。私たち夫婦は、身近にあるお金というものを理解するために、楽しく学ぶことを大切にしてきたのです。

子どもが生まれてからも、週に一度は2人だけで外食する機会を設けています。そこでお金のことを中心に夫婦で話すようにしています。この習慣はかれこれ10年以上続いています。

実はこの本を書こうと思ったきっかけも、2人で食事をしていたときの、妻のある発言がきっかけでした。

3年前のある日の昼食時、私は興奮していました。富める者だけがさらに富み、お金のない者がどんどん貧困化していく深刻な社会に、私は強い危機感を持っていたのです。

そのため、「**なんでみんなこんなにお金のことについて無知なんだ！　このままでは、世の中の子どもたちが大変なことになってしまう！**」と、妻に向かって熱弁していました。

熱く語る私に妻はとても冷静に、「あなたは、ほんとけちね。こんなところで叫んでいてもしかたないでしょ。だったら、そのことを広く世間の人たちに伝えるための本を書いたら良いじゃない」と。そのことがきっかけで、お金に関する本を書くことになったというわけです。

それが、私のお金の教育の重要性を広めるための啓蒙活動の始まりでした。

Financial Education

4 科学的なお金の教育で「安心」と「自由」が手に入る

「お金の教育」を始めるためのマインドセット

実際、お金を作ったり、増やしたりすることは、決して汚いことでも、悪いことでもありません。また、貯蓄は良い面ばかりではなく、悪い面もあります。反対に、借金には悪い面もある一方、良い面もあるのです。

まずは、お金に対する思い込みをいったん外して、冷静に、そして俯瞰的な目でお金というものをとらえてみることが必要です。

大切なことは、多くの人を縛っているお金に関する常識やタブーという信念から解放されることです。そのために必要なことが、現在の家庭や学校の教育の中に、お金の教育を組み入れることだと思います。

そして、お金の教育を始めるにあたり、まずすべきことは、お金とはいったいどんなものであるかを知ることです。

毎日使うお金というものの本質が、どのようなものであるかを知ることができれば、おのずと間違っていた信念に気がつき、お金との上手な付き合い方のスキルを身につけていけるようになります。

そして、その本質を理解するためには、**「お金の仕組み」と「お金の歴史」を学ぶことが欠かせない**と私は確信しています。

お金の仕組みと歴史を知ることによって、お金とは、ものの価値を測る単なる尺度であり、その尺度は時代とともにどんどん変わることがわかるでしょう。

また、お金はいつの時代も、「信用」によって生み出されるものだということも理解できるはずです。

いままでの思い込みをいったんわきに置き、**お金の正体を科学的にとらえる教育を、私は「科学的なお金の教育」と名付けました**。

この「科学的なお金の教育」を行うことで、子どもたちは、お金を創りだすために自らの頭で考え、判断し、行動できるようになっていきます。

そのことが、すなわち「安心」と「自由」のある未来を手にすることを可能にします。

まずは、親と子でお金のことを語り合うことから始めてください。

第3章

「お金の仕組み」を知ることから始めよう

この章のSummary

- お金には、紙のお金と数字上のお金＝「クレジット」がある
- 「クレジット」は民間が作り出している
- 世の中の取引のほとんどは「クレジット」＝「借金」で行われる
- 「借金」によって経済は活性化する
- 借金には「良い借金」と「悪い借金」がある
- リッチマインドの人は良い借金をして資産を増やしている

Financial Education

1 お金は借金、借金は信用。だからお金は信用から生まれる

お金って何？ 〜お金の「仕組み」を理解する〜

「お金」について子どもに教えようと思ったら、まずは、お金の正体、つまりは、**お金がどのように生まれ、どう世の中を回っているのかを知ることから始める**必要があります。つまりは、お金の仕組みを理解することが大切なのです。

大人でも毎日使うお金のことなのに、知らないことや勘違いしていることがいっぱいあります。

お金の仕組みを理解することは、お金の教育をする上で、大前提となる知識ですので、しっかり読み進めていただきたいと思います。

お子さんに教える際のヒントとなる会話の一例を盛り込みましたので、参考にしてみてください。

みんなが欲しがる1万円札そのものに価値はない!?

私が講師をする親子向けのお金のセミナーで、「お金って何ですか?」とよく質問をします。

この質問に対してさまざまな答えが返ってきます。幸せ、自由、エネルギー、ないと困る、悪、価値。しかし、どれも間違っています。

なぜなら、お金というのは私たち人間が発明したもので、その発明には明確な定義があるからです。

お金とは価値の交換ができ、価値を測ることができ、そして価値の保存をすることができるものと定義されています。気づきましたか? お金は「価値」というものを交換し、測り、保存できるものですが、「価値」そのものではないのです。

お金を欲しいと思っていることの実体は、お金という紙ではなく、その紙と交換できる「価値」なわけです。

それでは、肝心な「価値」とは何でしょうか?

「価値」とは問題解決の対価です。

つまりは、より多くの人のたくさんの問題を解決すれば、たくさんの「価値」が得られます。少ない人の小さな問題だけを解決していると少ない価値しか得られません。

お金とはこの問題解決で得た「価値」を入れる器のようなものなのです。

《子どもに教える場合には……》

「たくさんのお金を稼ぐにはどうしたらいいと思う？」

「たくさん勉強をして一生懸命働けばいいと思う」

「どうだろう。たくさん勉強をして一生懸命働いてもお金を稼げない人もたくさんいると思うよ」

「そうなの？　だったらどうやったらお金持ちになれるの？」

「たくさんの人の問題を解決して、その人たちをハッピーにすればお金が作れるよ。でも、たくさんの人の問題を解決するにはまずしないといけないことがある。何だと思う？」

「なんだろ～。わかんない、教えて！」

「まずはその人が抱えている問題を探さないといけないよね。そのためにはいろいろな人と会話をしてその人が困っていることを聞き出す必要があるのさ」

「へ～。パパは何か困ってることある？」

お金はだれが作っているの？　中央銀行だけじゃないですよ！

では、子どもから、「お金ってだれが作っているの？」と聞かれたら、なんと答えますか？

「中央銀行（日銀）」、あるいは「日本政府」と答える人が多いでしょう。確かに、紙のお札を刷っているのは中央銀行です。

ところが、世の中で使われているお金のほとんどは、紙のお金ではないのです。それでは、紙のお金ではないお金ってなんでしょう？

そう、それは、**手で触ることができない、電子上の数字のようなもの**です。

例えば、皆さんが、日ごろ使っているクレジットカードでもお買い物ができますよね。それらは数字が動いているだけのお金です。

親子向けのセミナーで、幼稚園児たちに「お金って何だと思う？」と質問して、絵を描かせたことがあるのですが、ある子どもは、数字の羅列を紙面いっぱいに描いていました。

まさに、お金の本質を描いているなと思ったことがあります。

それらの数字のお金は、「クレジット」と呼ばれます。日本語で言うと、「信用」です。

では、**世の中をめぐるほとんどのお金＝クレジット（信用）はだれが作っているの**でしょうか。

実は、「銀行」です。

銀行というのは、お札を刷っている中央銀行（日銀）ではなく、みなさんが、日頃利用しているような一般の銀行（三菱ＵＦＪ銀行、みずほ銀行など）なのです。

それでは、どんな方法で銀行がお金を生み出しているのかをみていきましょう。

住宅ローンを借りると銀行は新しいお金を作れる！

私たちは、一生に一度は銀行からお金を借りることがあると思います。個人なら住宅ローン、事業をしている人だったら事業ローン、一時資金が必要だったらカードローン、法人だったら法人向け融資、電車の中吊り広告や金融機関の宣伝でも何らかの融資を促しているものがたくさん存在します。

何かモノやサービスを買いたいけれど、今はお金がない。だから**未来の自分から、銀行を通して、お金を借りる**わけです。**自分の未来の収入からお金を借りている**ようなイメージです。

例えば住宅ローンを借りてマイホームを買うとします。住宅ローンの審査が通って、銀行と契約すると何が起こるでしょうか？

その瞬間にこの世に新しくお金が誕生することになります。

そして、自分のお金を使わずに、欲しいと思ったマイホームを手に入れることができました。

仕組みはこうです。あなたが銀行とお金を借りる約束をしたあと、あなたの通帳の残高を表す数字が借りた分だけ増えます。

実はこの増えた数字は銀行が他の人から預かっているお金を振り込んでいるわけではなく、**ただあなたの口座の残高を表す数字を増やしているだけ**なのです。つまり、**民間の銀行が実質的に新しいお金を作っているの**です。

えっ？　銀行がお金を作っているの？　と思われた方も多いでしょう。

一般的な銀行の仕組みの説明だと、他の人が預けた預金の中から、銀行はあなたにそのお金を貸しているというものでしょう。つまり、ただ仲介をしていると考えると思います。

実際、お子さんにもそのように教えている方もいるかもしれません。でもその説明は、正しいようで、実は正しくありません。

正確には、**あなたが、借金をした〝その瞬間〟に、新しいお金が作られている**のです。

図 3-1 借金をした瞬間にお金が増える

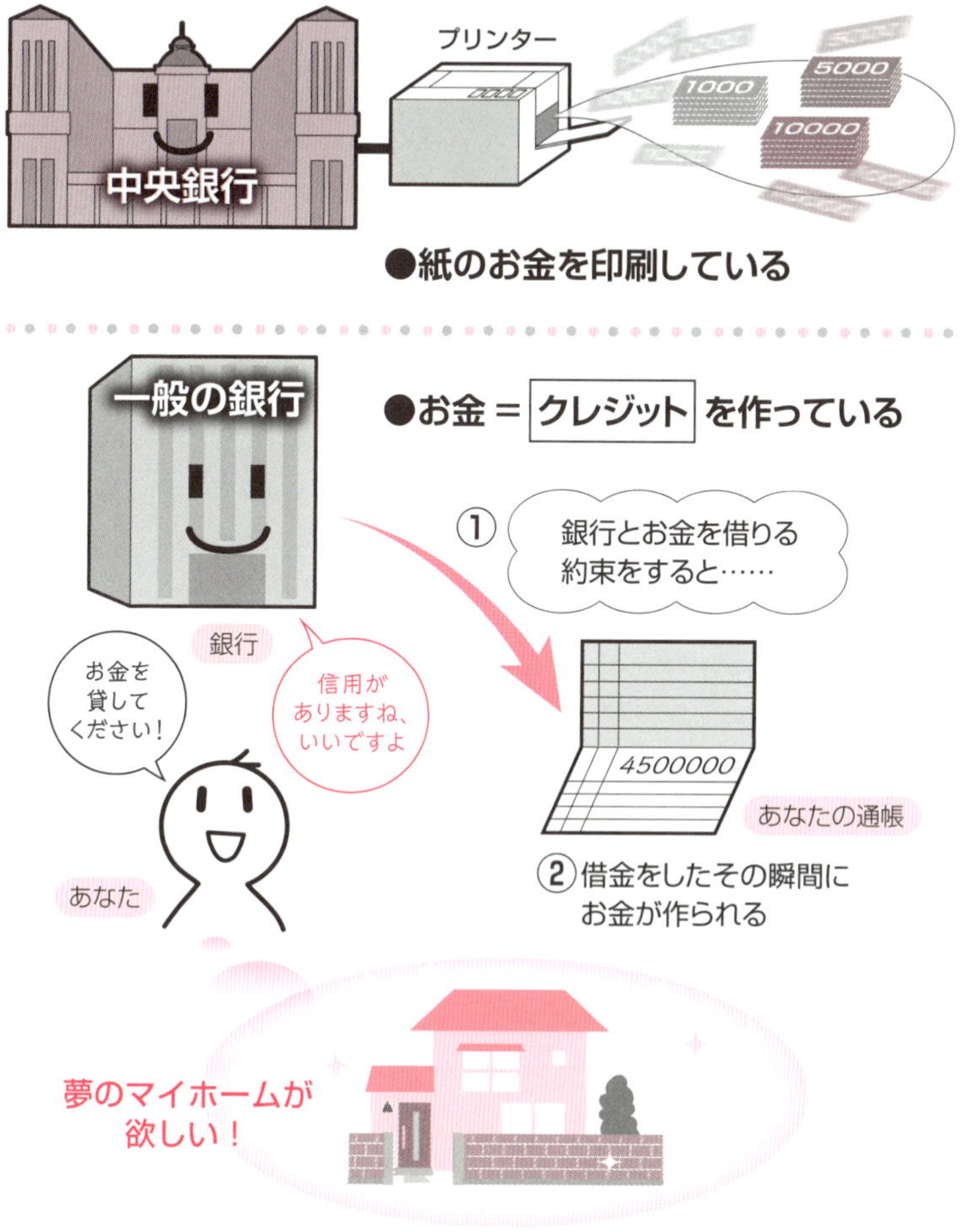

お金を借りたい人が、お金を貸したい金融機関からお金を借りることで、新しいお金が生まれます。日本に存在するほとんどのお金はこのように作られています。

つまり、借りたい人にちゃんと返済してくれる「信用」があり、貸したい金融機関に貸すメリットあればお金の量が増えます。借りたい人の収入や資産が少なく、「信用」がなかったり、金融機関の経営が悪化したり、あるいはそもそも貸すメリットがなければお金の量は増えません。また、そもそも借りたい人がいない場合も同様です。

買い物のほとんどは、「信用」で行われている

スーパーでの買い物で使ったクレジットカードの「クレジット」とは、「信用」という意味です。つまりは、「信用」を使って取引をしている代表的な例です。

実は、**世の中のモノやサービスの取引のほとんどは、「信用」で行われているん**です。

個人レベルでの買い物だけでなく、企業間などの大きな取引が行われる場合も同じこと。「取引」は、お金か信用をモノ、サービスや金融資産と交換することで、初めて成立します。

そして、大きな目で見た経済は、これらの売り買いという「取引」を合わせた集合体。つまりは、日本中、世界中の人や会社が行っている「取引」を足した合計です。

一見、複雑に見える経済の動きですが、実はとてもシンプルなんです。

そして、経済の動きを容易に理解するには、「信用」が本当には何なのかを知る必要があります。

《子どもに教える場合には……》

「パパ、お金って、だれが作っているの？」

「紙のお札は中央銀行という、日本で一番大きな銀行が作っているよ。でも、紙のお金以外にもお金はあるんだよ」

「え？　どんなお金？」

「クレジットカードなどで生まれる、クレジット＝『信用』というお金だよ。紙のお金と同様におもちゃやお菓子やゲームのアプリが買えるんだ。実は、お財布の中にあるお札や小銭っていうのは、お金の中でも量がとても少ないんだよ。世の中のほとんどのお金は、目には見えない『信用』でできているんだ」

「信用って何？」

「借りたお金を返す能力がある人が信用のある人だよ。例えば、借りたお金でおもちゃを買ってお金を返せなくなったら信用はなくなるけど、買ったおもちゃを他の人に高く売ったり、貸したりしてお金をちゃんと返せたら信用は作れるのさ。何か困った人がいたら、その問題を解決してあげる力があれば信用は増やせるよ。そして、お金持ちほど、この『信用』をたくさん持っているんだよ」

「ふ～ん。パパの信用って、どれくらいあるんだろう」

「そりゃ、いっぱいさ」

世の中のお金はすべてだれかの「借金」なんです！

クレジットカードでの支払いは、借金をしている行為でもあります。

「えっ？　うっそ！　私は借金なんてしていません！」と思われたかもしれませんが、クレジットカード会社からお金を借りているのですから、れっきとした借金なのです。

借金は、信用をベースに行われます。つまり、**クレジットカードを利用しての買い物をするということは、信用を使って、借金をして買い物をしている**ということなんです。

クレジットカードだけでなく、**世の中のお金は、すべてだれかの借金によって生まれている。すなわち、現代では、借金をベースにした売買が行われています。**

図 3-2 お金の仕組みとは「お金=借金=信用」である

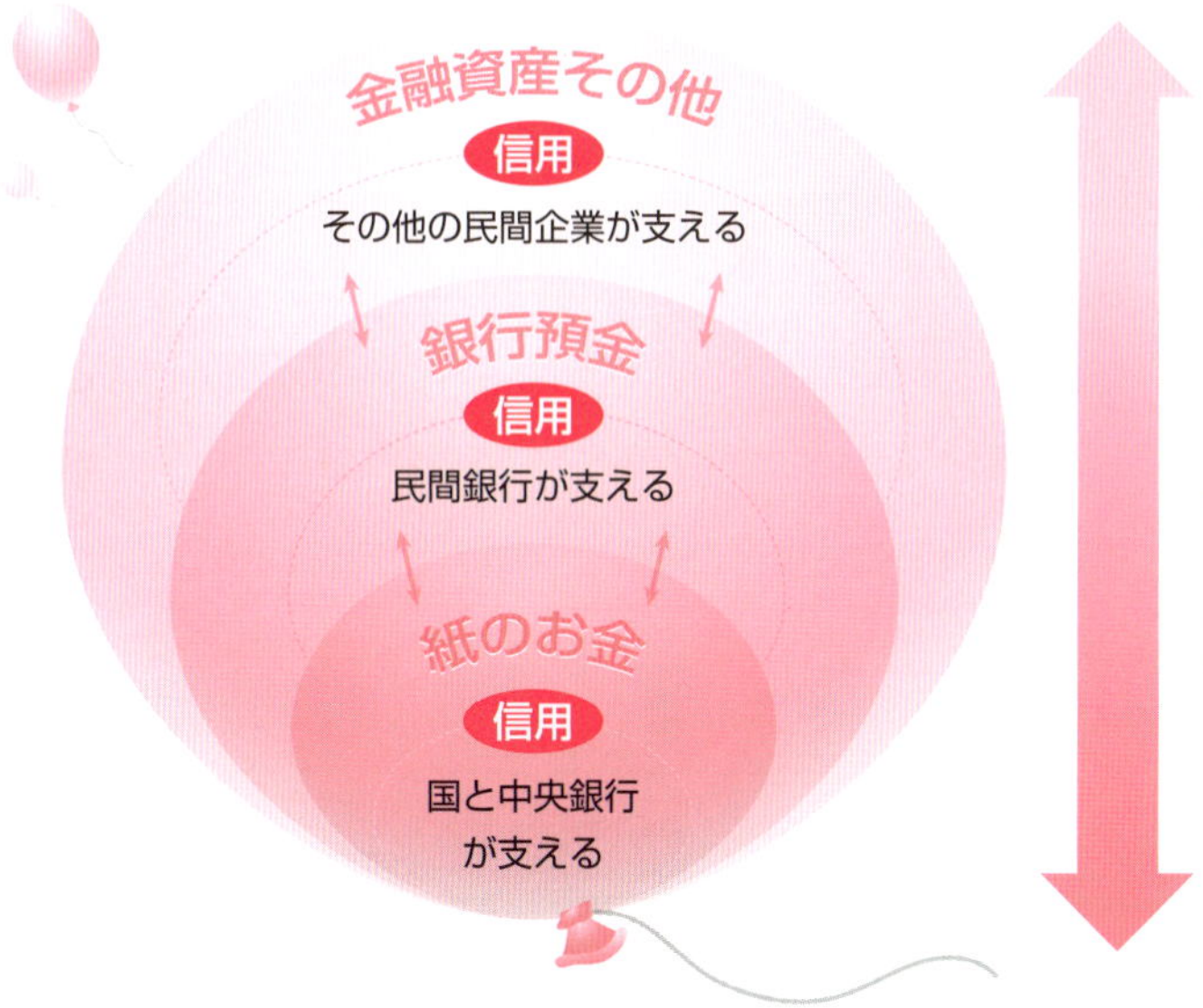

借金は、信用を介在して行われているんです。

世の中に存在する「現金」と「信用」の総額を100とすると、その量の割合は現金が約7、クレジット（信用）が約93程度。

紙のお金は国と中央銀行の信用に支えられ、紙のお金以外のクレジットは民間銀行、証券会社やその他の民間企業の信用に支えられています。

つまりは、世の中の取引はほとんどが民間の「信用」で行われているのですね。

「信用」が高いほど、多くのお金を作りだせる

クレジットカードには使用できる「限度額」というものがありますね。

その限度額は、収入や預金額や勤続年数や雇用形態などをベースにした〝信用の大きさ〟によって決められます。

例えば、収入のない学生がクレジットカードを使う場合の限度額の相場は10万円程度。

一方で、所得の多い人の使用限度額は、数百万円を超えたり、あるいは、無制限などというものもあります。つまり、**信用力の大きさによって、より多くのお金を作り出せること**を意味しているのです。

さて、ここまで説明した「借金」「信用」「取引」などは、経済全体、別の言葉で言うと「お金の仕組み」を読み解くうえで、とても大切な概念です。

次の項では、これらのキーワードを使いながら、お金の仕組みについて説明していきましょう。

図 3-3 「信用」が増えるとより多くのお金を作り出せる

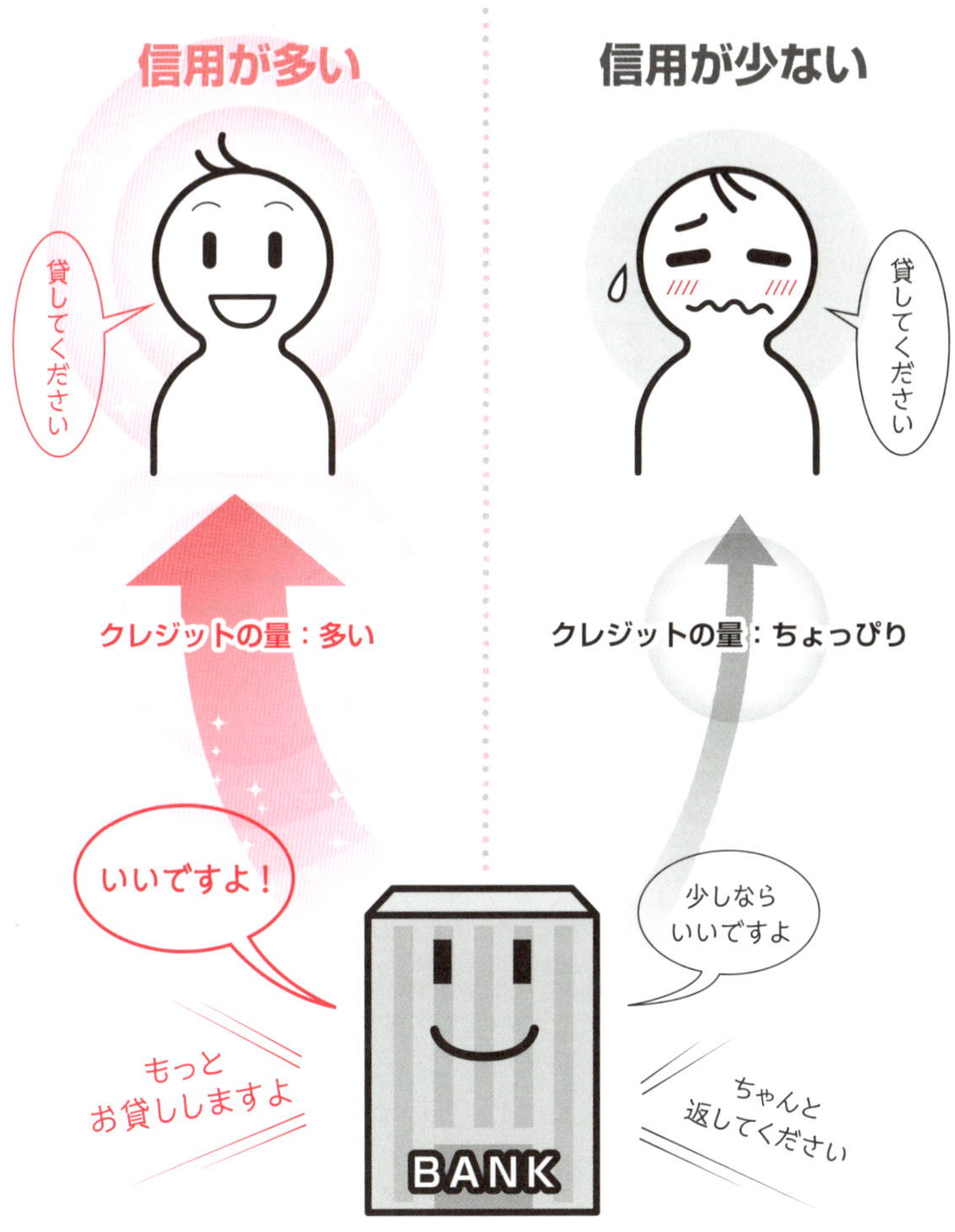

2 借金が増えれば経済が良くなり、借金が減ると経済は停滞する

「借金」によって経済は活性化する

給料が上がり、一人ひとりの「信用」が上がると、もっとお金を借りることができるようになります。すると、金融機関（銀行）はもっとお金を貸してくれるようになります。収入が多くなった人は、より多くのモノやサービスを買うことができるようになります。たくさんの売買が行われると、経済が活性化して、元気になります。

「信用」によってお金が発生する仕組みは、個人レベルでも、会社レベルでも、国レベルでも同じことが起こっています。

経済は、一人ひとりの「取引」の足し算で成り立っていますので、それぞれの人や企業の「信用」が上がったら、経済全体の取引の量は増え、取引の総額も増え、その結果、経済はより活発化します。

より「信用」が増えると、よりたくさんお金を借りられる。より借りられるとより使える。よりお金を使うと経済が良くなる。これが、お金の仕組みです。

《子どもに教える場合には……》

「お父さん、僕、クレジットカードが欲しい！ カードがあれば何でも買えるよね」

「子どもは、クレジットカードは持てないよ」

「どうして？」

「それは、子どもは『信用』がないからだよ。お金を返せる能力がないからね」

「それじゃ、『信用』があれば、カードが作れるんだね。信用ってどうやったら持てるのかな？」

「それは、人の問題をたくさん解決して、ハッピーにさせることだね。そのためには、どんな人が、どんなことで困っているかを知って、困っていることをなくしてあげればいいんだよ」

「ふ〜ん。困っている人をハッピーにさせるか！ いいね！」

どうして、クレジットカードは生まれたの？

それでは、なぜ現金だけでなく、クレジットカードのような「信用」を使った支払いの仕組みが生まれたのでしょうか？ それは人間には、今よりもさらにより良い生活がしたいという「欲求」があるからです。

もし仮に、月収が30万円だとし、その収入で買える以上の欲しいモノがたくさんあり、いろんなサービスも購入したいと思った場合どうするでしょうか。

より長い時間働いたり、会社に貢献したりして給料を増やそうとするでしょう。

この考え方は、お金としては「現金」だけが世の中に存在しているという前提では至極まっとうな考えです。収入を増やすためには働く時間を長くするか、時間当たりの単価、もしくは生産物の単価を上げる必要があります。

しかし、**現実問題として、働く時間を2倍にすることも、生産性を2倍にすることも簡単なことではありません**よね。

今年、8時間働いた人が、来年は16時間働くなんてことは現実的に無理でしょう。

また、8時間の労働時間をキープして、2倍の生産性を上げることも簡単なことではありません。仕事のスキルや知識を向上させて、生産を2倍にすることも不可能ではありませんが、それにはやはり時間がかかります。

例えば、1日働いて100個のおもちゃを作れる人が、スキルを向上させて102個作れるようになったとします。生産性が100から102に上がったわけですね。

でも、さらに翌年に、200個のおもちゃを作れるようになるかというと、難しいはずです。

しかも、そのスキルアップや生産性の向上を、給料を支払う会社側に評価されなければなりません。これもまた、難しいところです。

でも、借金をすることができたら、そのお金でおもちゃをたくさん作れる機械を買って、1万個のおもちゃを作ることができれば一気に生産性が上がります。**生産性を上げる借金というのは私たちにとっても、社会にとっても良いこと**なのです。

お金のレンタル料 〜「金利」って何？〜

中央銀行は「金利」というものを上げ下げすることで、借金できる量（借金しやすい量）を操作しています。

「金利」とはお金のレンタル料のことです。金利が下がると、安く借金をすることができるようになるのです。すると、「もっとお金を借りたい！」あるいは「もっと借りられる！」という人が増え、借金をしだします。

反対に、金利を上げるとお金のレンタル料が上がります。その結果「借りたくない！」あるいは「借りられない」という人が増えます。すると、モノやサービスの売買の量が減り、世の中は元気がなくなります。

《子どもに教える場合には……》

「日本にはお父さんみたいな銀行があるんだよ。それが中央銀行だよ」

「へえ～。中央銀行はどんなことをしているの？」

「お金を借りやすくしたり、借りにくくしたりしているんだ」

「どうやって？」

「例えば、１００円借りた場合は、１１０円にして返さなければいけなかったものを、
これからは１０５円で良いよと言ったらどうだろう」

「前より、ずいぶん安くお金が借りられるようになるね」

「そうだね。すると、借りたい！　って言う人が増えるんだよ」

「なるほど。」

「反対に、返す時は１５０円にしたら、借りたいって言う人が減るでしょ」

「確かに、返すのが大変になりそうだから、借りたくなくなるね」

図 3-4 金利で借金の量を調整している

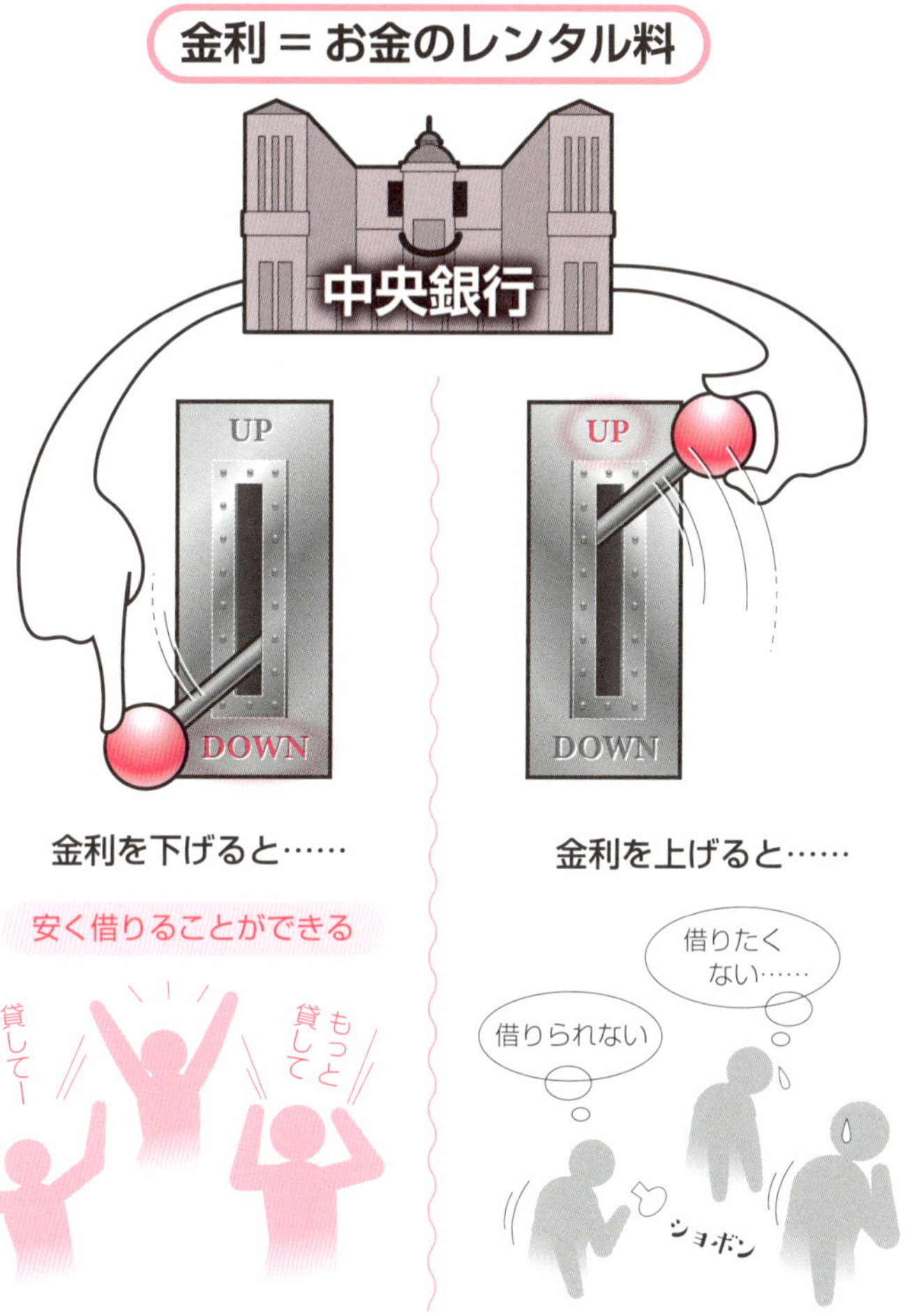

あなたの「支出」はだれかの「収入」になる

借金をして使えるお金の量が増えると、支出が増えていきますよね。その使ったお金（支出）は、どこにいくのかというと、それは誰かのお金（収入）となるのです。

しかも、**クレジットカードのある世の中では、その収入にプラスして、使えるお金が増える仕組み**になっています。

例えば、今月、自由に使える現金が10万円あり、銀行から1万円を借りことができる信用力があるとします。つまり、クレジットカードで1万円を使うとします。

すると、使える金額は11万円になります。もし、その11万円を使ってモノかサービスを買うと、その11万円は誰かの収入となるというわけです。

さらに、11万円の所得を得た人は、収入の11万にプラスして、銀行から、1万1000円借りることができます。すると、12万1000円を使うことができます。

つまりは、**ある人の「支出」は、ある人の「収入」となります**。しかも、クレジットカードが使える現代では、カードで借金をして使う額が増えれば、他の人の所得が増え、所得が増えることで、支出が増えていくのです。

つまりは、借金をしてお金をたくさん使うことは、経済が活性化するという点で、よいことなのです。一方で、みんなが支出をせずに、お金を貯め込むようになると、ほかの人の収入が減ります。

この点から、**お金を使わずに貯蓄をすることは、世の中にお金が回らなくなる**ということを意味するのです。だから、**過剰な貯蓄は美徳ではなく、社会全体からすると、悪いことでもある**ということがおわかりいただけるかと思います。

《子どもに教える場合には……》

家族で外食をしているときの会話

「今日のお会計はどのくらいだと思う？」

「5000円くらいかな」

「じゃあ、この食事の代金はだれのものになると思う？」

「このレストランのものかな？」

「そうだね。このレストランで働く店員さんや、この店を経営している社長さんのお給料になるんだよ」

「僕たち、美味しいご飯を食べて、いいことしてるんだ。また、来週もレストランでごはん食べようね。パパ！」

100円のチョコレートが買えなくなる ～「インフレ」って何？～

ところが、みんなが借金をしまくると、世の中のお金の量が増えてしまいます。お金の量が増えると、「インフレ」というものが起きます。

インフレとは、物価（モノの値段）が上がることです。これは同時に**お金の価値が下がること**を意味しています。

「取引」はお金か信用をモノ、サービス、金融資産に交換することとお伝えしましたが、お金と信用の合計が経済全体の総支出で、その総支出を取引されたモノ、サービスと金融資産の合計で割れば値段がわかります。

多くの人や企業が借金をして世の中に出回るお金の量が増えすぎると、売られているモノやサービスの数に対して、お金の量が多くなりすぎます。するとモノ、サービスや金融資産の値段が上がります。

主な要因のもう一つは、需要と供給のバランスです。何らかの理由で需要が供給を上回る、あるいは供給が需要を下回ると、モノやサービスの値段が上がります。

例えば、5％のインフレが起きると、一箱100円だったチョコレートの値段が、105円になります。つまりインフレが起こると、100円だったものが100円では買えなくなるのです。お金の価値が下がって、チョコレートの価値が上がったわけです。

長期的にみると、インフレは確実に起こっているんです。例えば、昭和30年代の100円は現在の1000円ほどの価値に相当します。

つまり、昭和30年に100万円貯金していたとしても、現在では、10万円分のモノしか買えないことを意味しているのです。

また、**インフレは短期的に急激に進行することもあります**。その場合は、一気に生活が苦しくなってしまいます。

《子どもに教える場合には……》

「インフレって何？」

「食べ物やおもちゃなどのモノの値段が上がることだよ。例えば、パパが小さい頃よりも、今のほうがずっと上がっているんだ」

「どういうこと？」

「パパが、君くらいの子どもの頃（30年くらい前は）は自動販売機の缶ジュースは一缶100円程度だったけど、今では、120円くらいする。お菓子の値段も高くな

ってるんだよ」

「それじゃ、僕たちが大人になる頃には、缶ジュースは200円なんてこともあるのかな？」

「ありえるかもしれないね」

お金を借りる人がいないと経済は縮小する ～デフレって何？～

インフレになると中央銀行は、「みなさん、借金が増えすぎていますよ」と言って、お金を発行するペースを落としたり、市中に流通しているお金を回収したりします。

どのようにしてペースを落としたり回収したりするのかというと、金利を上げて、お金を借りにくくするのです。

あるいは政府が増税して、消費や投資の活動を抑える方法などもあります。

その結果、**収入が減り、支出が減り、人はモノを買わなくなります。すると、市場にモノが余る状態になり、モノの値段が下がります。これを「デフレ」**と言います。

デフレになると、経済は縮小し、景気が悪くなります。景気をよくするために、日本銀行は、金利を引き下げます。すると、またお金を借りる人が増えて、経済が活性化します。

図 3-5 「インフレ」「デフレ」ってどんなこと？

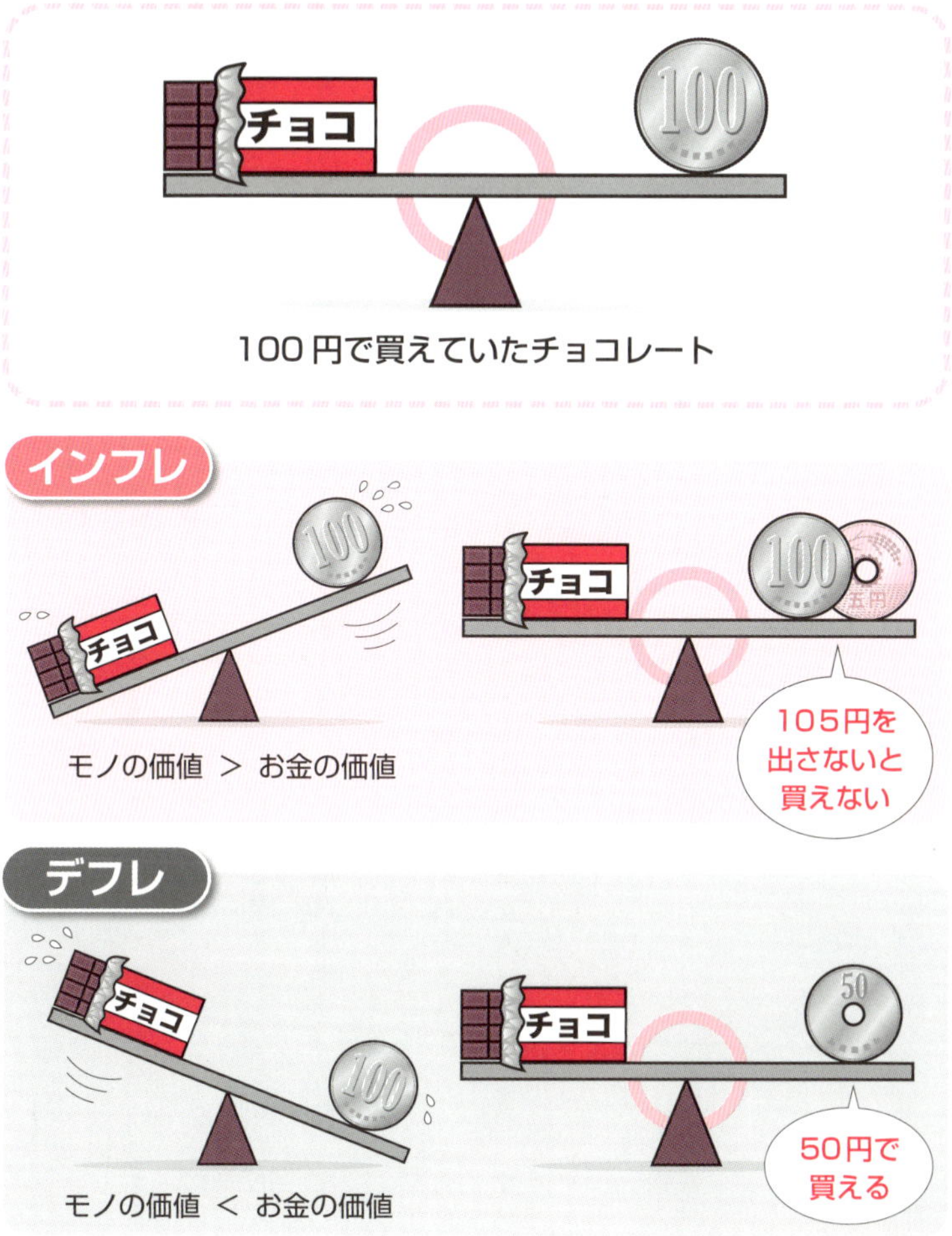

《子どもに教える場合には……》

「デフレって何？」

「例えば、お父さんの収入や、借りられるお金の量が減ってしまって、自由に使えるお金がないとするでしょ。すると、欲しいおもちゃは買ってあげられなくなってしまう。うちだけじゃなくて、友達のA君ちも、B君ちも、C君ちもお父さんの収入が減って、おもちゃを買えなくなったとする。すると、お店のおもちゃが余ってしまうことになる。

お店の人は、売れないと収入が減って困るので、なんとか売れるようにと、おもちゃの値段を下げる。それでも買う人が少ないと、お店にお金が入らなくなる。すると、お店は元気がなくなってしまうんだよ。

このように、モノの値段が下がってモノ余りになることをデフレっていうだよ」

Financial Education

3 このまま借金が増え続けると、私たちはどうなるのか⁉

借金がどんどん増えている！

人も、会社もクレジット（信用）で買い物ができるようになると、借金が少しずつ増えていってしまいます。それはどうしてでしょうか？

その答えは簡単です。人にとって、借金を返済することよりも、借りることのほうが簡単だからです。人間には「欲」がありますよね。「貸してくれるんだったら、借りて、欲しいものを手に入れたい！」と思うのは、人が持つ当然の心理なのです。

借りることは返すことよりも楽ですので、借金をすべて返済する前に、ついつい借りてしまうといった感じになってしまうわけです。

もうひとつ理由があります。自分の政策を訴えている2人の政治家がいると想像してください。堅実政治家Aは次のような公約を掲げました。

「社会の借金が増えすぎています！　このままだと5～10年後には大変なことになります。私は税金を上げて、借金を減らしていきます。この先5～10年は不景気になることは間違いないですが、そのあとに徐々に生活は元に戻ります！　私に一票を！」

と訴えます。

一方、今を生きる政治家Bは次のような公約を掲げました。

「皆様の税金を下げて、補助金、助成金や社会保障を厚くして、金利を下げていきます！　現在の生活がどんどん良くなることで長期的にも景気は良くなります！　私に一票を！」

と訴えます。あなたは誰に投票しますか？

実際には、大多数の人が今を生きる政治家Bに投票するため、借金が増え続ける政策になっているのです。

≪子どもに教える場合には……≫

「パパ、お小遣いちょうだい！」

「だめだよ、今月分はもうあげたじゃないか」

「だって、新発売のゲームアプリが欲しいんだもん」

「しかたないな。じゃあ。来月分を前倒しであげるから、来月はお小遣いなしだよ。あと、兄ちゃんに借りたって言っていた、３００円も早く返しなさいよ」

「は～い。そのうち返す～」

借金をしすぎるといつか返せなくなる

あなたがお金を使ったら、誰かがその分の収入を得る。借金をして、支出が増えれば、経済全体の取引額もどんどん増えていき、経済は活性化します。ところが、借りすぎて返済できなくなると、経済は元気をなくしてしまうのです。

これはどういうことでしょうか？

個人でお金を借りた場合を例に考えてみましょう。

例えば月収50万円の人が、毎月１万円を利息５％で借りた場合、当面は借金をし続けることは可能でしょう。

しかし、借りる金額を５万円、10万円と額を増やして借りた場合はどうなるでしょうか。徐々に家計が圧迫され、返済できなくなっていきますよね。

つまり、**収入で支えられないほど借金を続けていくと、いつか返せなくなるときがきます。それは、経済全体でも同じ**です。借りすぎたら、返せなくなるときが必ず来るのです。

《子どもに教える場合には……》

「パパ、100円ちょうだい！」

「だめだよ、先週もあげたばっかりだろ」

「ママ、100円貸して！」

「だめよ。先月も前借りしてるんだから」

「お兄ちゃん、100円貸して！」

「この前の100円まだ返してもらってないよ！」

「え〜ん。誰もお金を貸してくれないよ〜」

「当然でしょ。借りすぎだってば！　早く返して」

「無理〜」

私たちは今、どんな状況にいるのか？

借金が返せないと、一般の家庭ならば破産しますし、会社ならば倒産します。ほとんど自国民からお金を借りている日本のような国だと、税金を急激に上げたり、インフレを意図的に起こすような政策を実施することを強いられます。すると、特に貯蓄をしている人や年金暮らしの高齢者などを苦しめるようなことになります。

郵便はがき

料金受取人払郵便

麹町局承認

5200

差出有効期間
2020年2月29日
まで

102-8790

226

東京都千代田区麹町4-1-4
西脇ビル

㈱かんき出版
読者カード係行

フリガナ		性別　男・女 年齢　　歳
ご氏名		
フリガナ		
ご住所　〒 TEL　　（　　　）		
メールアドレス □かんき出版のメールマガジンをうけとる		
ご職業 1. 会社員（管理職・営業職・技術職・事務職・その他）　2. 公務員 3. 教育・研究者　4. 医療・福祉　5. 経営者　6. サービス業　7. 自営業 8. 主婦　9. 自由業　10. 学生（小・中・高・大・その他）　11. その他		

★ご記入いただいた情報は、企画の参考、商品情報の案内の目的にのみ使用するもので、他の目的で使用することはありません。

★いただいたご感想は、弊社販促物に匿名で使用させていただくことがあります。　□許可しないご購読ありがとうございました。今後の出版企画の参考にさせていただきますので、ぜひご意見をお聞かせください。なお、ご返信いただいた方の中から、抽選で毎月５名様に図書カード（1000円分）を差し上げます。

サイトでも受付中です！　https://kanki-pub.co.jp/pages/kansou

書籍名

①本書を何でお知りになりましたか。

- 書店で見て　• 知人のすすめ　• 新聞広告（日経・読売・朝日・毎日・その他　　）
- 雑誌記事・広告（掲載誌　　）
- その他（　　）

②本書をお買い上げになった動機や、ご感想をお教え下さい。

③本書の著者で、他に読みたいテーマがありましたら、お教え下さい。

④最近読んでよかった本、定期購読している雑誌があれば、教えて下さい。

（　　）

ご協力ありがとうございました。

次ページに掲載したグラフを見てください。米国の借金の量と株価を重ねたグラフです。1970年頃から借金が急増しているのがわかります。

借金が増える速度と同じように、株価も上がっていますね。また、1974年、1987年、2000年、2008年など、何度かグラフが下降し、クラッシュが起こっていることもわかりますね。

返済できないほどの借金を社会全体が抱えるとクラッシュが起こります。

自己破産や倒産が多発し、銀行のお金を貸す能力が急激に減ることにより、経済を動かしているお金の量が（借金と共に）ガクッと減ります。

しかし、経済を支えるために政府が動き出し、たくさんお金を借ります。また、中央銀行も金利を下げて、経済全体の中で流通するお金の量を増やします。

そして、しばらくすると景気がよくなり、また社会全体の借金が増え出します。

そして再び返せないほど借りてしまい、クラッシュが起きて、政府と中央銀行が動き出して、また増えるということを延々と続けています。

借金というものは、将来どこかで返さないといけないものです。**収入で支えられないくらいに返済が増えると、どかんとクラッシュが起きます。**

これが経済の元気が一気になくなってしまう現象です。

図 3-6 米国の借金の量と株価を重ねてみると

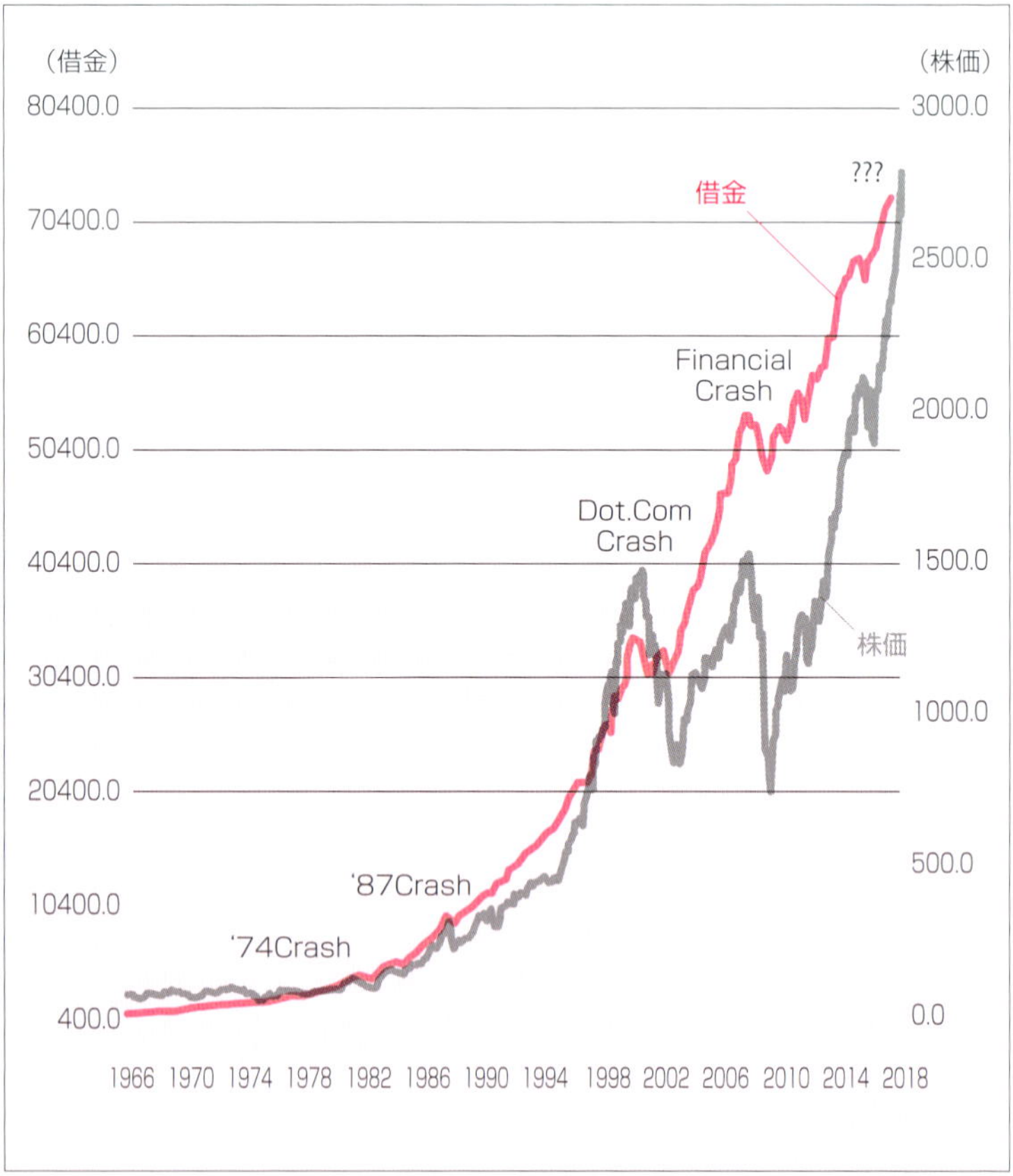

【出典】Total system leverage vs S&P stock index
(http://realinvestmentadvice.com)

しかも、**大きな波は、70～100年のスパンで繰り返し起きています。**

そして、**私たちは現在、この波の一番高いところにいると言われています**（その根拠については、第4章で見ていきます）。

「借金」には良い借金と悪い借金がある

どうせいつか返せなくなるのではあれば、借金をしても意味がない。やっぱり、借金はすべきものじゃないという気がしますよね。

実際、見栄のためにだけに買う高級車や、30年のローンを組んで毎月の返済に追われるような家を買っても、投資のように富を生み出すわけではありません。そのようなものを購入するために借金をしていると、いつか返せなくなるときがきます。

借金が生産性（収入）を超えると、返済できなくなります。**返済の負担だけが増大し、いつしか返せなくなる可能性がある借金は「悪い借金」**です。

一方で、**「良い借金」というものがあります。**

例えば、借金をして車を買って、その車を活用して宅配サービスビジネスなどを行うような場合です。

ビジネスが回り、収益をあげることができれば、生産性（収入）が向上します。車代をすべて返済しても、お釣りが出るようになるわけです。
つまり、**この場合の借金はビジネスの種銭になっている**わけです。

《子どもに教える場合には……》

「パパ、学園祭でたこ焼き屋さんをすることになったよ！　それで、たこ焼き屋の機材を借りるお金を貸してほしいんだけど」

「いいよ。いくら必要なの？」

「全部で約2万円あればできると思う」

「それじゃ、貸してあげるよ。終わったらちゃんと返してよ」

〜学園祭終了後〜

「パパ、売り上げが3万8000円になったよ！　借りた2万円は返すね」

「1万8000円も利益が出たなんですごいじゃないか」

「来年は、もっと利益が出る店をやりたいな」

「それは楽しみだな」

「今度は2倍の大きさの店を出したいから、4万円くらいお金を貸してほしいな」

「いいよ。頑張ってね」

Financial Education

4 「お金の仕組み」を学ぶことで何が手に入るのか

せっかく稼いだお金は富裕層にどんどん流れている

とはいえ、お金を効率的に生み出すには「良い借金」をする必要があります。

銀行は、ちゃんと返してくれる信用のある人にしか貸さないため、担保のあるお金持ちにはどんどんお金を貸します。

すると、その人は、新しく買った不動産からの収益でよりお金持ちになります。

世界が成長するときには、お金持ちは、お金を銀行から借り、より高い利回りが得られるところに、投資して、お金を増やしていきます。

反対に、一生懸命に働いても、単に生活のための消費だけにお金を使っている人は、お金は増えません。単に、銀行に貯金をしているだけでは、インフレ時には時間の経過とともに、相対的な価値が目減りしていきます。

このようなプアマインドの人たちが特に起こしやすい典型的な間違いは、人生の時間を切り売りして得たわずかなお金を頭金にして、30～35年というローンを組んで、マイホームを買うという過ちです。

そのローンにかかった利子は、どこに流れているのでしょうか?

そうです。

リッチマインドの人たちは、多くの信用を最大に活用して、できる限りの良い借金をして、そのお金をもとに資産を増やしています。

つまりは、プアマインドの人たちが汗水たらして稼いだお金が、リッチマインドの人たちに、どんどん流れていっているのです。

そして、プアマインドの人たちは、また今日も、額に汗をして、ローン返済のために、一生懸命に働き続けているというわけです。

≪子どもに教える場合には……≫

「パパが持っている○○にある賃貸マンションって、一部屋月○万円だよね」

「○部屋あるから、月々○万円の収益が入ってくるんだね」

「管理手数料や税金など必要な経費を引くと、月○円くらいの収益になるってことかな」

「そうだよ。来月は、銀行からお金を借りて、また、新たな賃貸マンション（不動産）

を買う予定だよ。そこから得られる賃料も入ってくるよ」

「パパ、お金を借りると、大きな買い物ができるし、そこからもっとお金が得られるんだね。すごいね！」

「借金」にはいつか限界点がやってくる！

今、日本だけでなく、世界のほとんどすべての国が、一様に負債が右肩上がりで膨れあがっています。このように、借金の額と支出を増やして経済を成長させることには限界がきます。

その限界が70～100年の周期で訪れるとすれば、それは、まさに「現在」というわけです。

そして、もしかしたらクラッシュがきて、急降下が起こる可能性が高いのです。経済がクラッシュすると、土地や不動産の価格が暴落し、銀行が貸したお金は回収不能になり、倒産する金融機関や保険会社が出ます。個人では収入が減り、ローンの返済ができなくなる人が増えます。

逆に、リッチマインドな人は安く資産が買えます。

お金の情報が飛び込んでくるようになる

以上が、お金の教育を始めるにあたり知っておきたい「お金の仕組み」です。

お金の仕組みは思っていたよりも、とてもシンプルであることが、おわかりいただけたでしょうか？　**この基本を理解しているかどうかで、テレビやネット等で流れてくるニュースに対する理解度が、大きく違ってくる**はずです。

これまでは、「日本の実質金利が下がっている。それによって景気が良くなってきている」というようなニュースを聞いてもチンプンカンプンだった人も、お金の仕組みを知ることで、「今は、借金がしやすくなっているために取引が増えていて、経済が活性化しているんだな」というように理解できるようになります。

「インフレ率が２％に到達するまでに金融緩和を続けていきます」というニュースを聞けば、「お金を借りて、不動産を買うチャンスだな」とか、「消費税が10％に上がる」ということは、「支出の額が増え、給料が少ない人や年金暮らしの人などに大きな打撃となるのだな」とか、「金融緩和をさらに拡大」という言葉を聞けば、「金利が下がって借金がしやすくなる」などと、理解することができるようになります。

あるいは、住宅販売のチラシに「頭金０円でもＯＫ」「低金利のいまこそ」というキャッチコピーを読んだ時の反応が、全然違ってくることでしょう。

少なくとも、経済ニュースを避けて、「わかんないな〜」と言って、ワイドショーへすぐに切り替えるというような親にはならずに済むはずです（笑）。

そんな変化が家庭内で起これば、子どもたちも自然と社会や経済への関心を持つようになっていくでしょう。

消費者物価指数は実態を示していない

先ほど、インフレの話をしましたが、ちょっと補足しておきます。

実は、インフレを測る指標とされ、一般的に公表されるＣＰＩ（消費者物価指数）には、不十分なところがあります。

この消費者物価指数という一部の側面だけを見て安心すべきではなく、その数値が１％上がったかどうかを見ていても、ほとんど意味がないのです。

なぜならば、**消費者物価指数には盛り込まれていない項目がある**からです。

例えば不動産の価格です。日本銀行が、お金をたくさん刷った時に、資金が最初に流れる資産なのですが、消費者物価指数の中に資産価格の上昇が反映されることは少ないのです。

本書を発行した2019年5月現在、東京などの大都市をはじめとする土地などの不動産の価格は上がっていると言われています。

しかし、一般の人はそのような不動産への関心を向けることはありません。

また、不動産の価格がどんどん上がっているので、一般の人が、不動産投資に参入できるハードルも上がっているのです。つまりは、**普通の中間層は不動産などの資産を持つことができないから中間層から出られない**。これが一番の問題だと思います。

今までは、テレビで「物価が上がっている」という報道を聞けば、「インフレになっているんだな」と思うだけだったかもしれません。しかし、経済指標の意味や定義を知っていれば、「何の物価が上がっているんだろう?」と考えられるようになります。

お金に関する知識が深まれば、同じ新聞を読んでいても、違う気づきが得られるということなのです。

このように、**お金の仕組みがわかると、日常の中で飛び込んでくる情報の受け止め方が一気に変わってくる**ようになります。今まで、何から手を付けていいかわからなかったのに、自然と何を学ぶべきかが見えてくるようになるでしょう。

第4章

子どもと一緒に学びたい「この100年のお金の歴史」

この章のSummary

- リッチマインドの人は
「お金の歴史」をよく知っている

- 古代からずっと、
人は借金で取引をしてきた

- お金を刷り過ぎると、
インフレが起きる可能性がある

- お金のルールチェンジは、
短期間に起こる

- 1971 年から、
借金ベースの世界が始まった

- 1939 年（第二次世界大戦前）と
現在の経済状況は、
酷似している

Financial Education

1 お金の歴史を学ぶことで未来が見えてくる！

「賢者は歴史に学ぶ」は本当である

お金の「仕組み」に続いて、絶対に押さえておくべきこと、それがお金の「歴史」です。

私は学校時代、歴史の科目が嫌いでした。暗記のオンパレードだったからです。人物名、年号、戦争の名称を暗記させられ、理屈が通じないし、正直時間の無駄だとさえ思っていました。

しかし、30代前半で破産寸前になった頃から世界中のあらゆるリッチマインドの成功者を研究し始め、全員に共通する点を見つけました。それが、成功者であるほど歴史を好んで勉強し、それに詳しいということでした。

「**愚者は経験に学び、賢者は歴史に学ぶ**」という名言がありますが、私は正に愚者だったな〜と今では痛感しています。

歴史を学ぶことで、長い時間の中で繰り返される成功と失敗のパターンを知り、自分の失敗の可能性を格段に下げ、チャンスをつかめることに気づかなかったのです。

特に、**私が注目したのが「お金の歴史」**でした。

歴史を遡ると、「価値」を表すお金の形が30〜40年周期で変わっていることに気づきます。さらに、**70〜100年周期で大きな転換期が訪れる**こともわかります。

子育て世代のお金の経験はせいぜい30年程度。つまり、親世代のお金に関する知恵や成功体験だけを子どもに教えても通用しないということです。

お金の歴史を知ることで、世代を超えて過去に起こったことをもとに、今、起こっていることの結末を予測できるようになります。

さらに歴史を学ぶことで、現代のお金の仕組みがどのように誕生したかを知ることもできます。

前章でもお話しした通り、**現代の「お金の仕組み」は「信用」を使って借金をすることでいくらでも新しいお金が生まれるシステム**になっています。その仕組みとは、資本収入で富を増やせる仕組みとも言えます。そして、お金の歴史を学ぶと、その仕組みは1971年以降に始まっていることがわかります。

この、お金のシステムが誕生した背景を理解しているかどうかが、資本収入を増やすリッチマインドと、一生懸命に働き貯蓄するだけのプアマインドの違いなのです。

ところが、さあ、「お金の歴史を学びましょう」といっても、学ぶべきことが膨大にあるように感じられることでしょう。難しそうだとか、何から取りかかれば良いのかわからないという人も多いはずです。

そこで本書では、親が子どもに教えるべきお金の歴史に焦点を当てて、極めてコンパクトにお話ししたいと思います。

また、前章に引き続き子どもに教える際のヒントとして、会話の一例の紹介を盛り込みましたので、参考にしてみてください。

「お金の歴史」＝「借金の歴史」

一般的にお金の歴史について学ぶときは、「昔、人は『魚』と『肉』を交換するなど、物々交換をしていました」という切り口で学ぶことが多いと思います。

さらに、「物々交換だと弱点が多いので、石のお金や貝殻が使われて、それが金・銀・宝石に進化して、その後硬貨が生まれて、最後に印刷技術が進んで硬貨より安く作れて、軽く、持ち運びができる紙のお金が誕生しました」、という具合に教わることでしょう。

しかし、このような一般的なお金の歴史の知識からは重要なことが抜けています。

それは、**「借金」という概念**です。お金の歴史を深くひも解いていくと、物々交換による取引よりも、**「借金」によるツケ取引のほうが盛んに行われていた**という事実があることがわかっています。

今から5000年前以上に栄えた古代メソポタミア文明において、借金に関する記述がしっかり残っています。実際に5000年前の粘土から作られた借用書と封筒が見つかっていて、内容は現代の日本の借用書とほとんど変わらなかったようです。

その借用書に書かれたものは、土地の賃借料としてある金額に相当する麦や金銀を支払うというものです。同じ時期（紀元前2402年）に元金、利息と複利の概念を示す記述も見つかっています。

そして、「借金」によるツケ取引を行う場合は、**相手にその借金をしっかり返済するという「信用」があるかどうかが重要**になっていたのです。現代のクレジットカードの仕組みと変わらないですよね。

「借金」＝「信用」による取引をするためには、その「借金」＝「信用」の価値をお互いに何らかの共通認識のある数字で示す必要があります。

この数字こそが「お金」なのです。つまり、「借金」＝「信用」がないと「お金」は生まれませんし、「お金」がないと「借金」＝「信用」取引はできないのです。

「お金」の歴史は「借金」＝「信用」の歴史そのものなのです。

図 4-1 お金の歴史は借金の歴史

《子どもに教える場合には……》

「昔の人はどんなお金を使っていたの？」

「クレジットカードは返済ができるという信用があれば使えるって教えたの覚えてるかな？　実は昔の人も同じ信用で取引をしていたんだよ。誰が、誰に、いくら貸し借りをしたのかの記録をちゃんと取っていたものが見つかってるのさ。昔は紙がなかったから粘土や石などを削って記録を取っていたけどね」

「今も昔も信用ってすごく重要なんだね！」

「でも、よく知らない人に貸してしまったら、本当に借りたものを返してくれるか心配でしょ。だから昔は自分の家族や友達、村の人や身近な人間でしか貸し借りをしなかったんだよ」

「なるほどね」

今も昔も「ストップ！　借り過ぎ」

何年か前にテレビを見ていたらあるインパクトのあるＣＭが目に留まりました。

コップから今にも溢れそうな水が、「まだ大丈夫……」というナレーションと共に、ゆっくりと溢れていきます。「借り過ぎていませんか？」と問いかけの言葉があり、

「まだ大丈夫」というやり取りの間にも、水は溢れ続ける。

最後に「無理な借り入れは〜」という文言のあとに「ストップ！　借り過ぎ」というスローガンが流れます。

消費者金融からの借り過ぎに対する注意喚起のCMですが、現代では借り過ぎて返済できないと自己破産になる制度があります。自己破産すると、たいていの場合は、すべての借金が免除になります。

実は、**借り過ぎてしまうという傾向も、借り過ぎてしまったら帳消しという制度も古くから存在**しています。

日本史でも良く出てくる「徳政令《とくせいれい》」は、国がお金を借りた人たちに対して借金を帳消しにする制度ですが、5000年以上前から行われていたことがわかっています。

なぜ、帳消しにする制度があったのかというと、借金が膨れ上がると、さまざまな問題が生じるからです。例えば、お金を貸す側に富が集中し、借金まみれの人たちは再起不能に陥って、所得格差が広がり、社会が不安定になります。

そのような事態を借金帳消しという政策で一回リセットをしていたわけです。

図 4-2 昔からあった借金を帳消しにする制度

《子どもに教える場合には……》

「パパ、自己破産って何？」

「借金がいっぱいになり過ぎて返せなくなることだよ」

「自己破産になるとどうなっちゃうの？」

「裁判所というところから、借金を返さなくていいよと言ってもらったら、借金がゼロになるんだ」

「へ〜、そりゃすごいや！　僕のお小遣いの前借分も全部チャラにして欲しいな！」

「ダメ。返せるうちは、ちゃんと返してよ。それに、自己破産して、借金はゼロになっても、信用がなくなるぞ。つまり、もうお金が借りられなくなるってことなんだ」

「それは大変だ！　ちゃんと返すね。パパ」

良い借金➡悪い借金➡クラッシュ➡急激なインフレ・デフレが繰り返される

では、現代はどのようになっているのでしょうか？

経済が成長していくと、最初のうちは生産性が向上する「良い借金」が増え、経済は順調に拡大します。

ただ、やがて借金の質はどんどん悪くなり、無駄遣いが増え、その借金を返すためにもっと借金をする（これは「悪い借金」でしたね）という悪循環に陥ります。

ここで**何らかのきっかけで、クラッシュが起こります**。

クラッシュが起こると、今までの借金を返済できなくなり、社会が不安定になります。**ここで国は、①支出を減らす、②債務整理、③富の再分配（税政策）、④お金を刷る、という4つの政策の組合せを実施します**。

支出を減らすとより経済が悪化し、デフレになります。

債務整理とは現代の徳政令のようなもので、特定の借金に対して、期限を延ばすか、利息を減らすか、部分的に免除をするものです。債務整理をすると借りた側にメリットはありますが、貸した側は損をします。これもデフレ要因になります。

また、富をたくさん持っている人たちの税金を上げて、少ない人たちに再分配する政策も打ち出されます。

しかし、**皆が最終的に行き着くところは借金の返済原資としてお金を大量に刷るところです**。ただ、大多数の借金を自国民からしている日本や米国のような国はお金を刷れば刷るほどその効果は薄れ、格差は広がり続け、社会不安が拡大します。

自国通貨を持たない欧州の国々や他国民から借金をしている途上国などではインフレが加速し、一生懸命働いて貯蓄をしている人たちは大打撃を受けます。

図 4-3 借金の周期のパターンは繰り返される

★借金の周期のパターンは何度も繰り返される

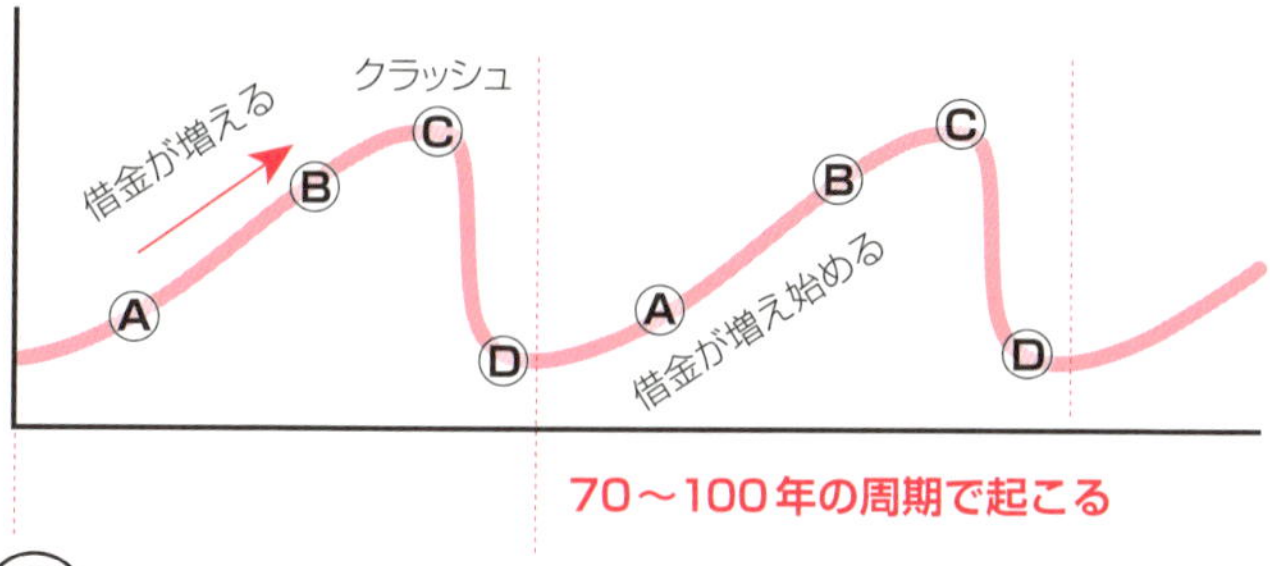

A 良い借金

B 悪い借金

C クラッシュ

D 急激なインフレ・デフレ（社会不安）

★返済資源としてお金を大量に刷る

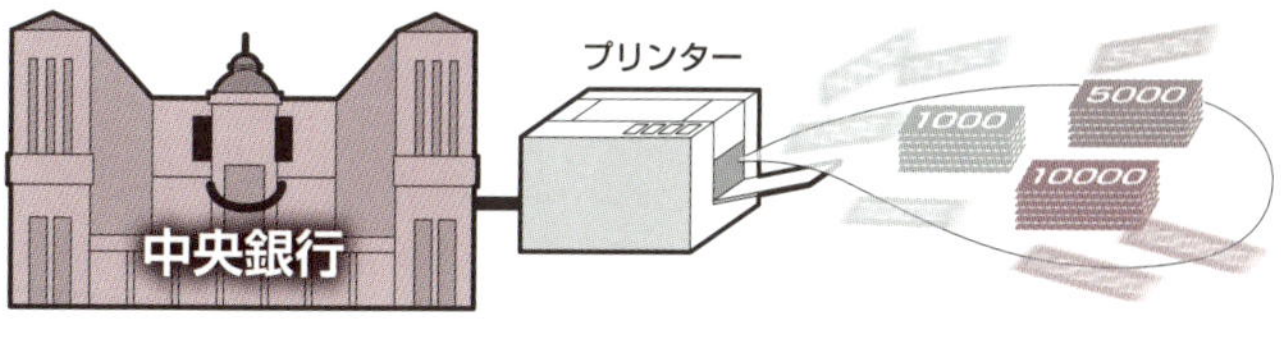

インフレが急激に進む「ハイパーインフレ」になると、社会が不安定になり国家の破綻を招くこともあります。

このように、良い借金⬇悪い借金⬇クラッシュ⬇急激なインフレ・デフレ⬇良い借金⬇悪い借金というパターンが繰り返し起こっているのです。

そして、１９１３年を境にこの周期がよりパターン化され、より明確になっていきます。次はそこを見ていきましょう。

≪子どもに教える場合には……≫

「パパ、みんながたくさん借金をしたらどうなるの？」

「借金をしすぎると、いつか借金が返せなくなるときが来るんだ」

「そしたら、どうなっちゃうんだろ？」

「国は、借金を返すためにまたたくさんのお金を刷るんだよ。すると、モノの値段が急激に高くなったりして、社会に混乱が起きることもあるんだ」

「へ〜、それは怖いね」

「そうだよ。暴動が起こったり、戦いが起こったりすることもあるんだよ」

「ほんと、怖いよね、パパ。」

Financial Education

2 お金のルールチェンジはこれまでも、これからも頻繁に起こる

1913年は近代のお金の歴史において重要な転換点

紙のお金＝「紙幣」は7世紀頃には中国で発行されていたと言われていますが、その貨幣システムは十分なルールもない不安定なものでした。

紙幣が各国の政府によりしっかりと管理されて、国単位で統一の紙幣が使われるようになったのは、中央銀行という機関ができてからです。

世界最古の中央銀行は1668年のスウェーデンの中央銀行、その後1694年のイギリスの中央銀行が設立され、日本銀行は1882年、そして1913年にアメリカの中央銀行（米国連邦準備制度）ができました。

中央銀行の設立までは政府が自らお金を発行していました。また、銀行も国立や民間が入り乱れて、特段の規制もなく勝手にお金を発行していました。

当然、お金の価値が安定せず、激しいインフレが頻繁に起こっていました。

こうしたなかで、**勝手にお金を刷れなくしてお金の価値の安定を図るのが、中央銀**

行の重要な役割の一つだったのです。

そして、世界で一番影響力のあるアメリカの中央銀行が設立された1913年を皮切りに各国のお金のシステムが徐々に統一されていきます。

紙幣を安心して使えるようになったのは100年くらい前のことです。安心して、お札を利用できるまでには、かなりの時間がかかったことがわかりますね。

ところが、その後も現在に至るまで、お金のシステムは不安定なままなのです。ここからは、不安定になる理由を詳しく学んでいきましょう。

《子どもに教える場合には……》

「昔の人が遠いところの人たちから買い物をしたり、旅行中に何かを買いたい場合はどんなお金を使っていたの？」

「持ち運びに簡単な石や貝殻やきれいな宝石が使われていたんだよ」

「石で買い物ができたなんて面白いね？」

「形や大きさがあってばらばらだったから、形とか重さを同じにした金貨や銀貨が使われるようになったんだ」

「へ～」

「でも、金や銀は持ち歩くと重いし、盗まれるかもしれないでしょ？　そこで預かってくれる銀行っていうところができたんだよ」

「へ～。銀行は昔からあったんだね」

「昔、銀行はちゃんと預かったことを証明する引換券みたいなものを預けた人に渡していたんだよ」

「そっか！　じゃあ重い金とか銀を持ち運ばなくても、軽い引換券だけ持っていればほしいものが買えたんだね」

「その通り！　お金って実は最近までは金の引換券だったんだ。パパが生まれる10年ぐらい前の1971年に金と引き換えができなくなっちゃったけどね」

「お金ってどんどん形が変わる面白いものだね！」

金をベースにお金が発行されていた時代

19世紀半ば以降の基軸通貨は、その頃世界の覇権を握っていたイギリスのお金（ポンド）でした。「基軸通貨」とは世界で中心、基準となるお金のことです。

この時代、各国は自分の国で保有している金（ゴールド）以上に、お金を発行することができませんでした。これはどういうことかというと、**国が持っている金（ゴー**

ルド）が少なくなると、使えるお金も少なくなるというシステムだったのです。

第一次大戦と世界恐慌によってお金のルールチェンジが起きる

第一次世界大戦によって、イギリスは国力を落とし、一気にアメリカが強国として踊り出ることになります。

この頃は、基軸通貨がポンドとドルが並列したような形となります。世界におけるアメリカの権力がより強力になっていったことを意味します。

ここで世界のお金のルールが変わります。

そのルールとは、20ドル分の金さえあれば50ドル分のお金を発行できるというものです。**所有している金の量より2・5倍のお金を発行できるようになった**わけです。

それまではお金が必要な場合は、金がなければ発行できなかったのですが、利益をたくさん出した銀行は過剰にお金を発行し、たくさんの貸倒れにあい、銀行の破綻が相次ぐ時代でした。

このため1913年、金融の安定を図るためにアメリカの中央銀行が設立され、世界のお金を集中的に管理していくことになったのです。

図4-4 紙幣の歴史

時代	出来事	背　景	お金の状態
7世紀	中国で紙幣が誕生する	印刷技術が進み、紙の紙幣が作られる	紙幣としては不安定な状態
1668年	スウェーデン中央銀行が誕生する	世界最古の中央銀行であり、実質は商業銀行	紙幣としては不安定な状態
1694年	イギリス中央銀行が誕生する	戦争による政府財政の逼迫を緩和する目的で設立された、いわゆる「政府の銀行」としての役割を期待された民間の銀行。政府に120万ポンドの融資（貸付）をして設立	紙幣としては不安定な状態
1882年	日本銀行が誕生する	1877年の西南戦争で日本政府がお金を刷りすぎて、激しいインフレが起こり、それを整理し、お金の価値を守るために設立	紙幣としては不安定な状態
1913年	アメリカ中央銀行（米国連邦準備制度）が誕生する	持っている金（ゴールド）以上に借金しすぎた銀行の破綻が相次ぎ、安定を図るために設立。これを皮切りに全世界がお金を集中的に管理し始める	安心して紙幣が使える時代へ
2009年	ビットコインをはじめとする仮想通貨が誕生する	2008年「リーマンショック」。借金をしすぎて、1929年以来の大不況に陥る。政府の意思に左右されない金融システムの登場	政府発行の紙のお金への不安が再燃する？

金と交換できるのはドルだけ

さらに時代は進み、世界は第二次世界大戦へと突入していきます。この大戦で、ドイツをはじめとするヨーロッパ各国や日本は大きな打撃を受けます。

一方で、第二次世界大戦の後半に戦争に参入したアメリカは、軍事物資を売ることで多くの金を保有し、経済は潤い、ますます力をつけていくことになりました。

この時、世界の金の3分の2ほどをアメリカが保有していたといわれています。

そして**1944年、戦争に勝利して強国となったアメリカを主導に、再びお金のルールチェンジが起きます**。

そのルールとは、「今後は、ドルだけを金と交換できる唯一のお金にしよう」とするものでした。

これは、アメリカのドルが世界の基軸通貨（世界経済の中で支配的や役割を持つ通貨）になったということであり、世界経済においてアメリカが優位にたったことを意味します。

図 4-5 お金のルールチェンジは頻繁に起こる

お金のルールチェンジ

19世紀半	イギリスのポンドが 世界の基軸通貨	金（ゴールド）をベースにお金が作られる （紙幣は金の引換券）
第一次世界大戦～	戦争のため あらゆる国が換金停止	自由にお金を刷り、借金ができるようになる
第二次世界大戦終了	ドルが基軸通貨	金と換金できるのはドルだけとなる。 1オンス＝35 ドル
1971年～	「ドルショック」アメリカが借金しすぎて独断で換金停止をする 借金が爆発的に増え始める	自由にお金を刷り、借金ができるようになる

Financial Education

3 お金が紙切れになった1971年が世界経済で最大の転換期

戦争が起こるたびに、お金の価値は下がっている

さらに時代は進み、1950年からは朝鮮戦争がはじまり、続いて55年からはベトナム戦争が勃発します。この頃のアメリカは、多額の軍事費を湯水のごとく使いました。つまり、無駄遣いをたくさんしたということです。

ところが、戦争が長引き、さらに軍事物資を買うためにお金が必要になります。

この時の基軸通貨はアメリカドルですが、世界各国がアメリカドルを基軸通貨にすることを容認したのは保有している金以上にお金を発行しないだろうという暗黙の了解のもとでした。しかし、**それ以上のお金をアメリカは勝手に刷りだしました。自分たちで作ったルールを自ら破ってお金を刷りまくった**のです。

また、同じく1950年代は、西欧各国や日本が戦後の復興に乗り出し、各国が経済成長を始めます。その結果、米国の貿易赤字が拡大。米ドルが海外へ流出し、やがて米国以外の国々が保有するドルが、米国の保有する金を大幅に上回るという自体が

発生します。

するとどのようなことが起きたでしょうか？

それまでは、保有している金の量が、紙のお金の量を抑制する働きをしていましたが、その抑制がなくなってしまったのです。

ドルの信頼性がなくなったので、信頼の源である金を買い戻す動きが起こったのです。

こうして、アメリカから次々に金が流出したため、アメリカが保有していた金の半分以上がなくなりました。

このまま、金と引き換えを続けていたら、アメリカから金がなくなってしまうと考えたアメリカは、「**これからは、ドルを金と交換はしません（金ドル交換停止）**」と言い出します。

またまた、ルールチェンジが起こりました。

つまりは、「あなたが持っているドルは、明日から、金に交換できません」ということです。一瞬にして金の引換券であったドルがただの紙切れになったのです。**これが「ドルショック」です。**

でも、当時は、強いアメリカのいうことだから仕方ないよね、とみんな受け入れざるを得ませんでした。

そして数年後、アメリカは中東各国に石油の売買をドルだけに限定するように要請しました。以前は金との換金性を持っていたドルは実質石油との換金性を持ったわけです。

世界のどの国も石油なしで生き残れないので、このときから、石油を通してドルの需要が生まれたわけです。

1971年から世界経済は〝借金〟ベースの世界になった！

さまざまなお金のルールチェンジが起きたとは言え、1971年以前までは「金」をベースにお金を刷る量が制限されていました。それまでは、自由にお金は作れなかったのです。

ところが、**1971年の「ドルショック」以降は、金を持っていなくても簡単にお金が刷れるようになった**のです。前章のお金の「仕組み」のところでもお話しした通り、現在のお金のシステムは、まさにここから始まっています。

なお、この頃から、世界的に借金の量も急速に増えていきます。

各国が自国の経済に見合った量の貨幣を制限なく発行することになったのですが、

その結果、**各国が抱える借金も、爆発的に増えていく**ことになります。

《子どもに教える場合には……》

「さっきパパは、中央銀行がお札を刷れるっていったけど、お金が必要になったら、どんどんお金を刷っていいんだね」

「実は、50年ほど前までは、勝手にお金を刷ってはいけなかったんだ」

「どうして？」

「50年ほど前までは、それぞれの国が持っている金の量以上のお金は刷ってはいけないルールがあったんだよ」

「へ～、今はなくなっちゃたの？」

「そうだよ。今では、それぞれの国の政府の判断で、お金をいくら刷ってもよくなったんだ」

「それじゃ、日本がお金をたくさん刷って、みんなに配れば、みんなでお金持ちになれるじゃない？」

「そうだね。お金をたくさん刷ったら、世の中にお金がたくさん出回るから、お金持ちになった感じになれるかもね。でもね、お金がたくさん使えるようになるってことは、借金が膨大に増えていくとことでもあるんだよ。あるいは、物の値段が上がることでもある。例えば、100円だったジュースが、200円になったり、300円になったりね」

「ひゃ～。それは大変だ」

2008年、紙のお金の信用が大きく揺らぐ

そして現代になり、再び大きなお金のルールチェンジが起こっています。

それが、ビットコインをはじめとする「仮想通貨」の台頭です。

ビットコインは、国が発行する通貨の安定性に対する不安の表れとして登場したもののだと、私は考えています。

例えば、2008年のリーマンショックで大量の紙幣を刷ったアメリカ。一気に紙のお金に対する不安が世界中に広がります。

そして、2009年になると、政府の意向や景気動向に左右されない、あるいは金融機関の利益追求に左右されないフェアだと思える貨幣システムを作ろうという動きが出てきたわけです。

いかがでしたでしょうか。ここまでが１００年のお金の歴史の大まかな流れです。
それでは次に、現在と過去の歴史の中での共通点を探っていきましょう。

≪子どもに教える場合には……≫

「ビットコインって何？」

「お札のように、中央銀行が刷るようなお金じゃなくて、一般の人たちでも絶対に変えられないルールを守っていれば作り出せるお金だよ」

「へ～。ってことは、僕もビットコインを作れるの？」

「ちゃんとルールを守れば作れるさ。今後は、ビットコインのように手には持てないようなお金を使うことが、当たり前になっていくよ」

「紙のお金がなくなるってこと？」

「その可能性もあるね」

4 今が100年に一度の大転換期、大きなピンチでも大きなチャンスでもある理由

1939年と2019年の経済状況が酷似！～お金の歴史は繰り返される！～

2019年の経済状況は、1939年と酷似しています。実際に1939年と2019年の各国の新聞記事を見ていると、固有名詞は違うけれど、ほとんど同じようなことが書かれているのです。

どんな点が似ているのでしょうか？

1939年には、各国が競い合うようにお金をたくさん刷っていて、経済が良くなっているように見えていたため、それぞれの国民も喜んでいました。その直後に太平洋戦争が勃発しています。

この本を書いている2019年現在の世界経済の状況もまさに同様です。各国がこれでもかというくらいに金利を下げて、たくさんのお金を刷っています。景気も割とよく、株価も上がっています。

それだけではありません。**2019年現在の各国の「金利」「中央銀行のバランス**

シート」「貧困と格差」「債務状況」など、**お金の状態を示す各種指標が1939年の状況ととても似ている**のです。それらの経済指標が類似しているということは、当時と同じようなことが起こる可能性が高いと判断できます。

ちなみに、1930年代初期の大不況と2008年のリーマンショック時には次のようなことが類似しています。

①借金金額のピーク（1929年と2007年）
②金利（お金のレンタル料）が0になる（1931年と2008年）
③お金を刷るペースが加速する（1933年と2009年）

また、1929年の世界恐慌から始まった1930年の大不況と2008年のリーマンショック後には金利が下げられ、お金を刷ることで借金を増やす政策がとられました。すると、次のようなことが起こりました。

④大きなクラッシュの後の株や金融資産の上昇（1933〜1936年と2009〜2017年）
⑤大きなクラッシュの後の経済全体の上昇（1933〜1936年と2009〜2017年）

図 4-6 1939年と2019年の経済状況が似ている点

	1939年	2019年
①借金金額がピークになる	1929年	2007年
②金利が0になる	1931年	2008年
③お金を刷るペースが加速する	1933年	2009年
④大きなクラッシュの後の株や金融資産の上昇	1933〜1936年	2009〜2017年
⑤大きなクラッシュの後の経済全体の上昇	1933〜1936年	2009〜2017年
⑥金融引き締めによる停滞	1937年	2018年
⑦次のクラッシュ？	1937年	2019〜2020年？

大恐慌！
そして戦争へ

図4-7 1937年のアメリカ株価と現在の株価のグラフは類似している

【出典】Felder Report（http://the felder report.com）

⑥金融引き締め（金利を上げて、借金を減らし、お金を刷るのを止める）による停滞（1937年と2018年）

⑦次のクラッシュ？（1937年以降と2019～2020年？）

上にあるグラフの赤の線は1937年に向かう（1937年が株価のピークです）アメリカの株価です。一方、黒の線は今のアメリカの株価です。

グラフがほぼ一緒ですね。**このままいくと1937年同様にこれから株は40％くらい下がる（クラッシュが来る）可能性がある**ように見えます。

いつクラッシュが来てもおかしくない！

専門家たちは、「いつクラッシュが来てもおかしくない」と口を揃えて言っています。１９３９年のさらに10年前である１９２９年には世界大恐慌がありました。世界大恐慌とは、ある国で起こった恐慌が、他の国に次々と波及する現象のことです。同じく２００８年、つまり約10年前に、リーマンショックを引き金に世界金融危機があり、世界に衝撃が走りました。

世界規模の危機が起こると、世界中の人や企業の「信用」が一気になくなります。するとだれもお金を貸したくなくなります。だれもお金を借りられないとなると、資金繰りに行き詰まって破綻する個人や倒産する企業が増えます。すると個人の収入が減少し企業の収益も減少しますから、消費や投資が低迷します。

同時に破産や倒産で経済全体の取引主体が減り、取引も減少しますから、**経済は一気に停滞します**。

経済が停滞すると、負のドミノ倒しが起こります。貸倒れによる損失が発生し、新たな貸し出し先がいなくなった銀行は破綻し、銀行が破綻すれば、お金の貸し手がいなくなり、やはり個人や企業の資金繰りが行き詰まり、消費や投資が行われなくなります。

そして経済は停滞します。この悪循環が大恐慌を招くのです。

何が引き金となって、100年に1回の大暴落が起こるかわかりません。どこかの国の紛争かもしれませんし、どこかの金融機関の破綻かもしれません。

あるいは、どこかの国のデフォルト（財政破綻）が引き金になるかもしれません。きっかけの予想は難しいですが、私は5年以内、もしくは3年以内に、次の大きなクラッシュが来ると考えています。

クラッシュが来た場合には、一度に、大チャンスと大ピンチがやってきます。

クラッシュでチャンスとは意外かもしれませんが、経済におけるピンチとチャンスは表裏一体なのです。

この場合のチャンスとは、クラッシュが起こると株価が暴落することです。これは、株のバーゲンセールが起こるということです。

つまり、もうこれ以上、下がりようがないという底値に至りますので、株を新たに買おうとしている人たちにとっては、ビッグチャンスの到来となります。

一方で、大ピンチも訪れます。クラッシュで市場に混乱が起きれば、不動産や株価が下落し、会社が次々と倒産します。

その結果、多くの人が職を失い、株などの金融資産の価値も下がります。

場合によっては預金を預けていた銀行が倒産するかもしれません。

そして、**恐ろしいことに、ほとんどの人が、なにも対策をとらないままに大変な困難に直面するのではないか**と、私は強く懸念しているのです。

もし、現在、自分たちがどのような状況の中にいるのかがわからず、これから起こるかもしれないピンチとチャンスに備えることができなければ、大打撃を受けることは間違いないでしょう。

≪子どもに教える場合には……≫

「今は、お金のシステムが変わる時代なんだよ」

「システムが変わる？」

「そう。今まで、当たり前のように使ってきた、紙や小銭のお金が消えるかもしれない転換期なんだ」

「何が起こるの？」

「それはだれにもわからない。でも、お金のことを勉強しておくと、どんなことが起こっても大丈夫」

「うん！　僕、もっとお金のこと知りたいな」

「よーし。パパと一緒にもっと勉強しよう」

Eのままだったら大ピンチ！　Iのマインドがあれば大チャンス！

これからの世界が、どうなるのか、だれにも確かなことはわかりません。

今後も引き続き、大きな恐慌もなく平和に生きていけるかもしれませんし、私もそれを願っています。

しかし、世界経済や国際情勢がどのように変わるか正確に予測することは困難です。もちろん、日本の社会がどのように変わっていくのかも予測はできません。

私たちの生活が一変するような出来事が、世界のどこかでいつ起こるのかもわかりません。

一方、**一人ひとりの経済活動においては、借りた負債はいつか返さなくてはならない**ということだけは確かです。その方法は、強制的に帳消しにするか、インフレによって貨幣価値が下がるのを待って返済負担を減らすしかありません。

その場合に、一番の痛手を負うのがEやSの人たちなのです。

税金が上がったり、強いインフレが起こったりして貯蓄していたお金の価値が暴落すれば、生活は大打撃を受けるようになるからです。しかも、仕事さえもＡＩ技術に代替されてしまうのです。

一方、Ｂのリッチマインドを持った人は、新たな技術革新を使って、ビジネスを展開させ、多くの生産性をもたらすことができるようになるでしょう。

また、**Ｉのリッチマインドを持った人も、紙幣ではなく資産を持っているので、恐慌を切り抜けることができます**。むしろ、大きなチャンスを掴むかもしれません。バーゲンセールが来るからです。

恐慌が起これば、株価は暴落しますので、安くなった株を一気に買い上げることができるためです。

つまり、これまでのお金のシステムが崩壊するとき、ＥやＳのプアマインドだけの人たちは、なす術《すべ》がありません。

そのため、私が本書を通して伝えたいことは、来るべき恐慌に備えて、Ｉのリッチマインドを育てていこうということなのです。

Financial Education

5 お金の本質を見抜く「眼鏡」をかけて新しい世界を見よう

子どもと一緒にお金の歴史を学ぶ方法

これまで話をしてきたお金の歴史を直接子どもに教えることは難しいと感じられるかもしれません。でも、まずは、親御さんが学び、そのことを少しでも子どもに話をすることから始めて欲しいのです。

お金の歴史や経済に関する簡単な本を読むこともお勧めです。

動画を利用してみるのもよいでしょう。今はたくさんの動画が手軽に視聴できる時代です。我が家では、小学生の息子と一緒に、ＹｏｕＴｕｂｅ上にアップされている「１９２９年前後のバブルに浮かれる人々の様子」や「世界恐慌」、「第一次・第二次の世界大戦」等の動画を見るようにしています。

もちろん、幼い子どもであれば、映像に流れる言葉を正確に理解することは難しいでしょう。でも、映像の持つ力は偉大です。子どもたちは、映像から受ける印象からさまざまなことを考えるものです。

映像の中には、豊かなお金持ちがいたり、貧しい人たちがいたりする。

いまも世界には、お金持ちたちがいて貧しい人たちがいる。

世界のあちこちで戦争や紛争が起こっている。

どうして、争いが起こるのかな？　などと話し合うことで、歴史から多くを学ぶことができます。

また、中学生や高校生のお子さんであれば、どうしてこんな状況が起こったのか、現在の日本や世界の様子と似ているところがないか、などを話し合うと、いろんな意見が出てきて親にも多くの学びがあるでしょう。

お金の仕組みと歴史を学ぶためのお勧めの書籍と動画

〈書籍〉

『米中戦争前夜——新旧大国を衝突させる歴史の法則と回避のシナリオ』グレアム・アリソン著　船橋洋一序文　藤原朝子訳　ダイヤモンド社刊

『負債論 貨幣と暴力の5000年』デヴィッド・グレーバー著　酒井隆史、高祖岩三郎、佐々木夏子訳　以文社刊

『21世紀の資本』トマ・ピケティ著　山形浩生、守岡桜、森本正史訳　みすず書房刊

『The Escape from Balance Sheet Recession and the QE Trap: A Hazardous Road for the World Economy』（英語）Richard C. Koo 著　Wiley 刊

〈動画〉※YouTube上でタイトル名を入れて検索してください。

『30分で判る経済の仕組み』レイ・ダリオ

『140Years Of History in 10Minutes（140年のお金の歴史を10分で）』マイク・マローニー（英語）

『Hidden Secrets of Money（お金の隠された秘密シリーズ・計10回）』マイク・マローニー（英語）

『お金ができる仕組み。（Money as Debt I）』（日本語字幕付き）

お金の正体が見える「眼鏡」を与えよう

「お金の仕組み」と「お金の歴史」を知ること。これが、子どもたちへの「お金の教育」をスタートする前に、まずは親御さんに知ってほしいもっとも大切なお金に関する知識です。

これらの基本的なお金の知識を持つことで、今まで見えなかったものが見えるようになってきます。

裕福な一の人たちが見ている世界があなたにも見えてくるようになるのです。

そして、見えてきたものから、さらにお金のことについてお子さんと一緒に学んでいってほしいと思います。

親御さんがまずはお金の本質を見抜く「眼鏡」をかけて、子どもをリードしてください。そして、あなたから、お子さんへもその「眼鏡」をプレゼントしてあげてください。

第5章

家庭でできるお金の教育・実践編

この章のSummary

- 「貸借対照表」の中に
  「資産」があるかどうかが大事である

- 持ち家は「資産」ではなく
  「負債」である

- 収入の一部を天引きし投資に回そう

- 日々の生活の中で、
  お金について明るく話そう

- 年齢に応じて、お金への興味や関心が
  広がるよう心がける

Financial Education

1 あなたの家庭の「お金の通信簿」を作ってみる

家庭のお金の通信簿を見てみよう

家庭でお金の教育を始める場合、まず親御さんに取り組んでいただきたいのが、家庭の状況を把握することです。

なぜなら、経済的自由、つまりは「安心」と「自由」のある生活というゴールを手に入れるためには、今、あなたがどのスタート地点にいるのかを理解する必要があるからです。

そのスタート地点とは、現在の家計の状況です。

家計の状況がわかれば、ゴールにたどり着くために、「何が足りないのか」「何をすればよいのか」が自然とわかってきます。

これは、家計の収入と支出の状況を表した「損益計算書」と資産と負債の状況を表した「貸借対照表」で確認できます。

「損益計算書」と「貸借対照表」は、家計のお金の通信簿のようなもの。

この2つの指標によって、どれくらい「安心」と「自由」のある生活を送っているかが一目瞭然となります。

子どもの学校の通信簿（成績）は気になるけれど、家庭のお金の通信簿（成績）を確認してみたことのある方は少ないことでしょう。

親御さんが家計の通信簿をチェックできると、親子でファイナンシャルリテラシーは飛躍的に向上しますので、ぜひ取り組んでみてください。

損益計算書と貸借対照表を作ってみる

それでは、さっそく始めましょう。

まずは、次の2つ（A家とB家）の例を使って、「損益計算書」と「貸借対照表」の作り方と読み方を説明します。

Aは、お父さん（30代前半）の年収が480万円。お母さん（20代後半）は週3日のパート勤務で年収は96万円。

住まいは賃貸マンション。幼稚園と小学生の子ども2人。

教育費に毎月8万円ほどかかっています。生命保険や学資保険に入っていて、貯金が約300万円ありますが、株や投資信託などの金融資産はありません。

日本の平均世帯年収は約540万円程度なので、平均的な世帯年収のご家庭です。

Bは、お父さん（40代前半）の年収が約800万円。1歳の子どもは保育園に通い、お母さん（30代半ば）は時短勤務しています。年収は約360万円です。

1年前に、頭金500万円で4500万円の30年のローンを組んで一軒家を購入。この他、車のローンが100万円ほど。

現在の預貯金は約200万円。生命保険や学資保険に入っていますが、金融資産はありません。

毎月の収入が平均世帯よりも多く、生活にもゆとりがあるように見えるご家庭です。

まずは、「損益計算書」を作ってみましょう（193ページ参照）。家庭のお金の中で、入ってくるお金（収入）と、出ていくお金（支出）を見てみます。

会社等からもらう毎月の給料やボーナスは上の「収入」になります。給料のほかに副業での収入があれば、これも「収入」に分類します。

一方、家賃や食費、水道光熱費、教育費、保険料などの出ていくお金は、下の「支出」に入れます。

上の「収入」が下の「支出」より大きければ黒字。少なければ、赤字だということがわかりますね。

A家の毎月の平均世帯収入は約40万円、支出は約36万円です。B家の毎月の世帯収入は約70万円、支出は約58万円です。

どちらの家庭の「損益計算書」も収支は黒字ですね。ところが、残念ながらこれだけでは良い成績とは言えません。

つまりは、経済的自由というゴールには、到達できていないのです。

それでは、いったい何が足りないのでしょうか?

不足しているものを知るために把握したいのが、「貸借対照表」です（195ページ参照）。

これで、家計の「資産」と「負債」の状況を見ることができます。

左が「資産」で、右が「負債」です。

そして、「資産」から「負債」を引いたものが、「純資産」です。

家計の中で何が資産にあたり、何が負債にあたるかを考えてみてください。

図 5-1 A家とB家の収入と支出がわかる損益計算書

A家

収入

お父さんの給料
お母さんの給料
合計＝40万円

支出

家賃
教育費
保険料
食費
水道光熱費
雑費
合計＝36万円

B家

収入

お父さんの給料
お母さんの給料
合計＝70万円

支出

住宅ローン
自動車ローン
保育料
保険料
食費
水道光熱費
雑費
合計＝58 万円

黒字でも成績は悪い
プアマインドな家計 !?

あなたの家計の中に「資産」はある？

2つの例とも、よくあるご家庭の家計に見えますよね。

しかし、どちらの家計も、ファイナンシャルリテラシーが低い家庭、つまりは、プアマインドの家計の典型例です。

何が問題なのかというと、**家計の中に貯金以外の「資産」がない**からです。

リッチマインドの家庭は、資産を次のように捉えています。

・「資産」とはポケット（家計）に現金を入れてくれるもの。
・「負債」はポケット（家計）から現金を出すもの。

ポケット（家計）に現金を自動的に入れてくれる「資産」があるかどうかが、プアマインドとリッチマインドの違いです。

どんなに世帯収入が多くても、いくら貯金をしていても、保険をかけていても、ポケット（家計）に現金を入れてくれる「資産」を持っていなければ「安心」と「自由」のある生活は手に入りません。

図 5-2 A 家と B 家の資産と負債がわかる貸借対照表

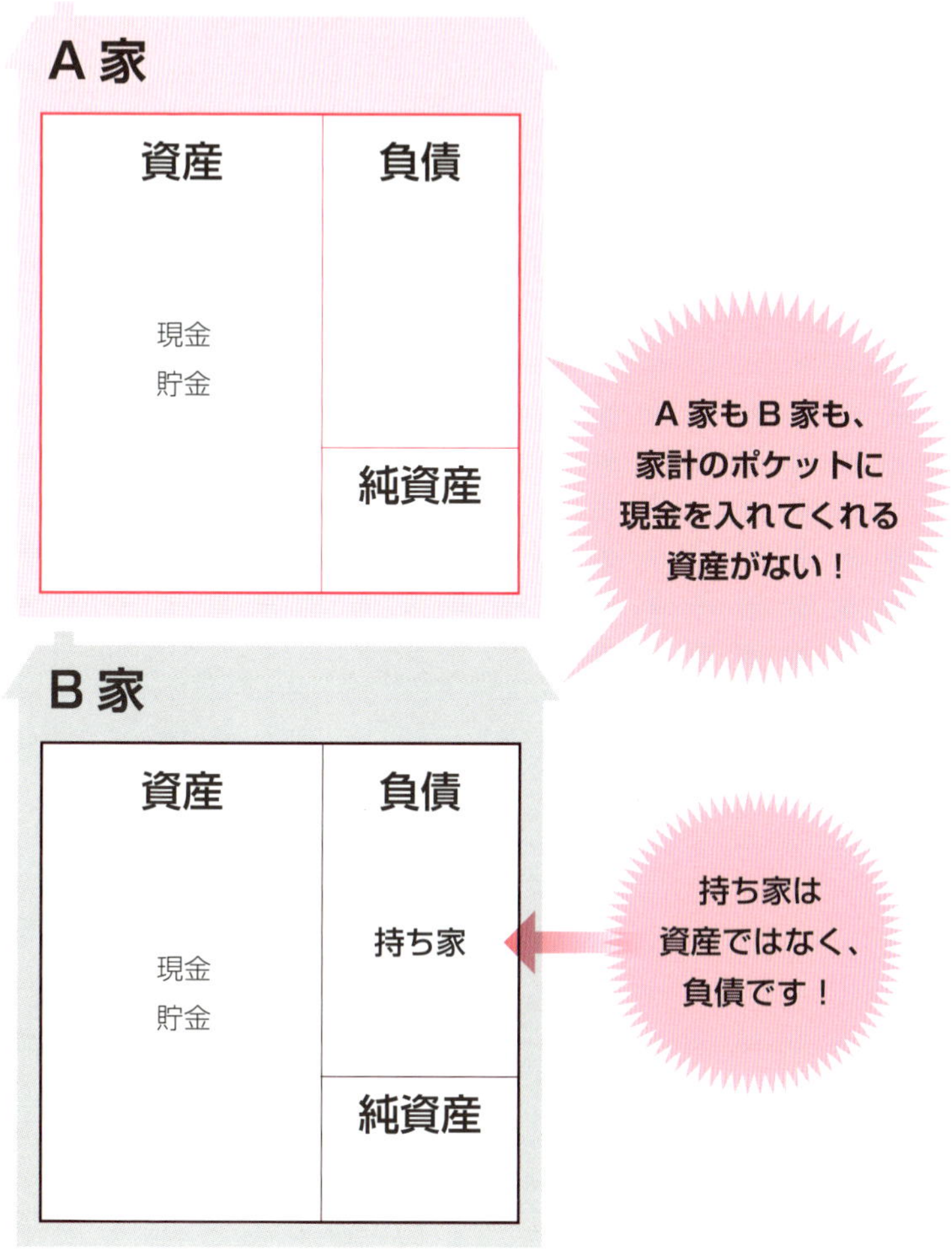

持ち家の購入は資産ではなく負債

持ち家は「資産」になるのでは？　と思った方もいるでしょう。

しかし、**ローンを組んで購入した場合の持ち家は「資産」ではなく、「負債」です。**

あなたのポケットからお金が出ていくからです。

「家は資産になる」とか、「老後のために」ということで、家を買う人はとても多いのですが、一般の人が購入できる物件のほとんどは、購入した直後から価値が目減りし、数年もすればほとんど値打ちがなくなります。

つまり、長い年月ローンの返済に追われるだけの多額の「負債」となるのです。

子どもの誕生をきっかけに、一軒家を購入することを考える人は少なくありません。「子どもにはできるだけ良い環境を与えたい」という親御さんの気持ちは、私も痛いほど理解できます。

第1章でお話ししたとおり、私も、結婚した直後に自宅を購入しましたから。しかし、それは、多額の「負債」となる大失敗でした。

20年、30年という長い期間にわたるローンを組むことは、確実に「自由」を奪う負債です。なぜなら、ここまで何度も繰り返し見てきた通り、現在は、勤続年数や年齢に応じて給料が上がったり、会社が30年間存続する保証もないからです。

そのような、**脆弱な収入の状況で、30年のローンを組んで数千万円もの多額の負債を抱えることは、とても危険なこと**なのです。つまりは、人生の「安心」と「自由」を奪うことになります。

それでも、「マイホームが欲しい」というのではあれば、それを選択するのは自由でしょう。

しかし、リッチマインドの発想からすると、持ち家は「資産」ではなく、「負債」です。大きな負債を抱えれば、おのずと「安心」も「自由」もなくなってしまうのです。「安心」と「自由」のある家計の通信簿には、あなたの家計（ポケット）にお金を入れ続けてくれる「資産」が必要です。

それでは、どのようにすれば、資産を持つことができるのかを見ていきましょう。

2 家族みんなでお金を増やせる「税優遇の投資商品」とは

6か月分の生活資金以外の貯金は投資に回す

まずは、投資を始めるための資金を確保することから始めてください。貯金がある人は、その額を確認してみましょう。もしかしたら、貯金をしすぎている可能性があります。

日本人の個人金融資産は１８００兆円もありますが、半分以上の52％が預貯金だという調査結果があります。一方で、アメリカは13％、ドイツやフランスなどの欧州先進国は20～30％台。この数字からもわかる通り、日本は過剰貯金の人が多いのです。

ところが、預貯金をするだけでは安心な資産にはなりません。

第3章でもお話しした通り、時間とともに現金の価値は目減りしてしまうからです。もちろん、貯金は大切なものですが、過剰貯金は意味がないどころか、もったいないのです。過剰分は資産作りの資金に積極的に回していきましょう。

目安としては、**当面の生活資金の６か月分を確保したら、残りは投資**に回します。

例えば、A家の場合は、預貯金が300万円となっていますが、1か月の生活費の36万円×6か月＝216万円ですので、残りの約80万円が投資に回せますね。

収入の一部を投資に回す

さらに、資産を作るためには、収入の一部を投資に回すことも必要です。

家計の「損益計算書」の「支出」部分を見て、無駄な消費があれば抑えるようにします。特に、無駄に保険に入りすぎていないかなど見直してみましょう。

また、税金を減らすことができる部分があれば、積極的に減らすようにします。

その一方で、**投資のための資金作りでお勧めなのが、収入の一部を自動的に天引きする方法**です。そして、天引きしたお金を、投資に回していきます。

自動天引きでお勧めなのが「個人型確定拠出年金（通称イデコ）」です。高い税制優遇が受けられるため、利用しない手はありません（会社が用意する「企業型確定拠出年金」にはここでは触れません）。

■「個人型確定拠出年金（イデコ）」

税制優遇を受けながら老後資金を確保できる制度です。

原則として60歳までは引き出せませんが、掛け金が所得控除になったり、運用で得た利益が非課税になったりするというメリットがあります。

個人型確定拠出年金は月5000円から始められます。

■「NISA」と「つみたてNISA」

次に始めたいのが、「NISA」や「つみたてNISA」、「ジュニアNISA」を活用した資産運用です。

「NISA」は、個人投資家のための税制優遇制度です。

NISAでは毎年120万円の非課税投資枠が最長で5年間設定され、株式・投資信託等の配当や譲渡益等が非課税対象となります。

配当とは、会社が得た利益の一部が株主に支払われるものです。また、譲渡益とは、株式などを売却した際に価格が変動したことで得られる売買差益です。

2018年からは、「つみたてNISA」という制度も始まりました。毎年40万円まで、最長で20年間の非課税投資ができます。月額最大で約3万3000円の積み立てができます。ただし、「NISA」と同一年度での重複利用はできません
もちろん、数千円程度の少額でも始めることできます。長い期間をかけて、資産を少しずつ作りたい人に向いている制度です。

図 5-3 資産を作るための 4 ステップ

■「ジュニアNISA」（未成年者少額投資非課税制度）

「ジュニアＮＩＳＡ」は、２０１６年度から始まった未成年者を対象とした少額投資非課税制度で毎年80万円までの非課税投資が最長で5年間可能です。

20歳未満の子どもがジュニアＮＩＳＡ口座を使って投資をすると、年間80万円まで配当や譲渡金が非課税となります。「ＮＩＳＡ」との最大の違いは、払い戻しが18歳以降になっていることと、親などが代理運用するという点です。

学資保険に積み立てているお金があるのであれば、その全部、あるいは一部を使って、お子さんと一緒に、お金を増やす勉強をしてみてはいかがでしょうか。

まさに、魚（学資保険）を与えるのではなく、魚の釣り方（投資）を教えるのです。

「個人型確定拠出年金」「ＮＩＳＡ」「つみたてＮＩＳＡ」、そして「ジュニアＮＩＳＡ」と、ここまで説明した税優遇の投資については、拙著『毎月５０００円で自動的にお金が増える方法』（小社刊）をはじめとして、わかりやすく書かれた本が多数出ています。それらを参考にして、少額からでもすぐに始めることをお勧めします。

今ほど、気軽に投資を始めるための環境が整っている時代は、過去になかったと思います。

Financial Education

3 お金について子どもに教える際の心がまえ

ここから先は、子どもの年齢に応じた、お金の教育のヒントや実践方法をお話ししたいと思います。実際に私の家庭でやっていること、また、多くのリッチマインドの親たちがやっていることを紹介していきます。

ただ、その前に、子どもの年齢が何歳であっても共通する、教える際の心がまえがありますので、まずはそちらからお伝えしていきましょう。

ポジティブな言葉を使う

投資に関する話題になると、「うちにはそんなお金がない」とか、「毎日忙しくて、投資を勉強する時間がない」という声が聞こえてきます。

そんな方にお勧めなのが、**日々使っている言葉を少し言い換えてみるトレーニング**です。

私たちは言葉を使用するときは自分たちの体験を思い出しながら無意識に情報を削

除、歪曲、一般化して話します。例えば、「時間がない」と言う場合、本当に時間がないのでしょうか。

当たり前ですが、時間は1日24時間ありますよね。ないわけではないです。「お金がない」という場合は、本当にお金が0（ゼロ）なのでしょうか？　実際、本当にお金や時間がないために投資を始めることができないのではないでしょう。

自分の無意識の中で優先順位が低い投資にお金や時間を使いたくないだけなのです。

「お金がない」や「時間がない」というような言葉を使いそうになったら、次のように言い換えてみましょう。

例えば、

「**お金や時間がない**」

のではなく、

「**今は、投資の勉強をするよりも、趣味にお金や時間を優先している**」

と言い換えてみます。

すると、優先していたことが、果たして、投資の勉強よりも大事なことであるかどうかを考え始めるようになります。

そのような言い換えをしてみると、毎日あれやこれやの雑務に忙殺されているけれど、思っているほど大切じゃなかった、ということに気がつくことも多いものです。

「投資をするようなお金なんてない！」

と言うのではなく、

「投資をするためのお金をどこから捻出しようか？」

「毎月の習い事の数を減らして、その分を投資に充てるのはどうか？」

という風に言ってみるだけでも、かなり違ってきます。

言葉というのは「言霊」という概念が表すように現実を作り出す面があるからです。

少なくとも、

「お金がない、時間がない」

という家庭に流れる無力感の空気は改善されるはずです。

日々の生活の中で常に「お金」について話し合う

お金について学ぶことができる場所は、日常生活の中にもたくさんあります。例えば、スーパーで買い物をするときは、お金の仕組みを学ぶ最高の機会です。

「納豆」一つとっても、メーカーやお店によってパッケージも値段も異なります。果物や野菜の値段も、季節や産地によって変わってきます。

また、同じ商品でも値段が変わるときがあります。

例えば、目玉商品として特別価格になっている場合や、賞味期限や消費期限が近くなったために割引になっている場合です。そのような商品を見つけたときには、なぜ値段が安くなっているのかを話し合ってみましょう。

このように、日常生活の中でも、**どんなことが商品の価格を決める要素になるのかを考えながら買い物をする**と、いろんな発見があります。

また、お金にはさまざまな形態があることを話し合うのもよいでしょう。

「野菜」や「お肉」、「お菓子」を買うときには、「お金」が必要であり、そのお金の形は、現金であったり、クレジットカードであったり、プリペイドカードなどさまざまな形であることを話しましょう。

商品券や、クーポンもお金のような役割をしていることを考えると、「お金にはさまざまな形」があることを学ぶことができます。

電車やバスを利用するときには、モノではなく、お金とサービスによる「取引」についで教えてあげてください。

タクシーや新幹線に乗るときにも、年齢や座席の種類によって、料金が変わることなどを子どもに意識させることで、お金の感覚を育てることができるようになります。

とにかく家族で過ごす時間を増やす

私は、4人の子どもを育てながら、いくつかの会社の代表をして、不動産を多数所有し、講演会やセミナーなどのイベントを行い、本を出版しています。

なぜ、これらのことをすべて実現できるのかというと、「**徹底的に無駄な時間を使わずに、できるだけ多くの対価を得られること**」を意識しているからだと思います。

そして、何かを始めるときには、何が大事であるのかを見極めて、大事なことだけに時間を使って結果を出そうと行動しています。

無駄な時間を使わないように意識すると、なんとなく長い時間働いていたことを不自然だと感じられるようになります。

そして、働く時間が短くなると、最も大事にしている家族との時間を増やすことができるようになるのです。

子どもたちと一緒にいられる時間が増えると、子どもたちとお金の話をする時間もおのずと増えますので、親子でファイナンシャルリテラシーを向上させることもできます。

よく「サミさんのご家庭では、どんなお金の教育をしているのですか？」と聞かれますが、実は、何も特別なことはしていません。

徹底的に無駄な時間を省き、できるだけ家族と一緒に時間を過ごすようにしているというのが答えでしょうか。

Financial Education

4 お金を「0～6歳前の未就学児」にどう教えるか

第2章でみてきたように、幼少期はお金に対する信念が形成される時期です。

ですから、お金に対するネガティブな感情が育たないように、周囲の大人は言動に気をつける必要があります。

また、幼児期からは、日常の中でお金を数えたり、お金がどんなところで使われているのか体験したりして、お金について知る機会を増やし、お金に対する興味や関心の芽を育みましょう。

子どもがお金に興味を持ち始めときにすべきこと

私の子どもたちには、2歳ごろから、お金に触れさせていますが、4年ほど前の長男と次男とのエピソードをご紹介したいと思います。

幼い頃からお金に触れさせていた息子たちは自分の財布に常に小銭を入れて、それを妻が持ち歩いていました。

ある時、飲食店で食事をしているときに子どもたちはいつも通り、

「お金数えたいから、お財布ちょうだい！」

と言い出します。

特に次男は小銭を数えるのが大好きでした。

小銭をテーブルに出して2人とも数え始めます。財布に入れたり、出したり、落としたり、拾ったり、妻はいつも周りに迷惑をかけないように気を遣っていました。

すると、長男と次男は小銭をめぐって取り合いを始めます。2人のセリフは、

「お金返せ！」

のオンパレード。私は周りからの冷ややかな目を気にしながら、事態を収束させました。

お金に興味を持ち始めたのはとても良いことだと思いましたが、このままだとお金に対する執着が強くなり過ぎると妻と2人で懸念しました。

その後、お金の出し入れは「ママ銀行」が開いている毎週土曜日に限定し、実物の小銭ではなく、子どもに通帳を与えて数字の足し算、引き算だけで管理をするようにルールチェンジをしました。

それと合わせて口癖のように、

「お金って何だっけ？」

と子どもに問いかけ、

「人の問題を解決してハッピーにしたら作れるもの！」

「人の問題ってどうやってわかるのかな？」

「たくさんの人と会話をして問題を聞き出せばわかる！」

という具合にお金の本質についての会話を積極的にするようにしています。

すると以前のような懸念はなくなっていきました。

幼い子どもに、お金の話をすることをためらう大人はとても多いでしょう。ましてや、「就学前の幼い子どもにお金を触らせるなんて！」という意見もあるかもしれません。

しかし、小さい子どもにお金に触れる機会を積極的に与えるほうが、後々お金と上手に付き合えるようになると思います。

私の家族では4男とも全員性格が違いますし、同じことを教えても反応が違う場合がほとんどです。**それぞれの子どもの特徴を考慮し、柔軟にルールチェンジをしながら、子どもとお金についてのコミュニケーションを取る**ように心がけています。

しかし、全員に共通して持ってもらいたいのは「お金が好き！」という気持ちです。

なぜなら、人は興味や関心がないことに力を注ぐことはできないからです。私たちが手に入れるものは、すべて「欲しい」と思って手に入れているものばかりだからです。

ですから、**「お金が好きだ」という幼児期の気持ちを大切にすること**が大切なのです。子どもが、お金に興味があるのであれば、その関心を上手に伸ばし、お金についてうまい付き合い方を教えてあげる方向に導けばよいのです。

幼少期からの「習い事」は本当にリターンを生むのか?

幼少期から習い事に多くのお金を使っているご家庭も多いことでしょう。

「ペリー就学前プロジェクト」という研究があります。

この研究では、幼少期の環境を豊かにすることが認知的スキル(IQテストや学力検査などによって測定される能力)と非認知的スキル(テストや学力検査などによって測定されない能力)の両方に影響を与え、学業だけでなく、大人になってからの働きぶりや社会的行動に肯定的な結果をもたらすことが示されています。

被験者の子どもが40歳になった時点での最終的な追跡結果では、就学前教育を受けた子どもは、受けなかった子どもよりも学力検査の成績がよく、学歴が高く、特別支援教育の対象者が少なく、収入が多く、持ち家率が高く、生活保護受給率や逮捕者率が低かったことが示されています。

なんと、その**就学前教育に投資した場合の結果を利益率でみると、1の投資に対して7〜10倍にも及ぶ**そうです。就学前の教育がいかに大事であるかをうかがわせる研究ですね。

実際、この研究が広く知れわたることで、世界の早期教育熱は大きく高まったといわれています。

ノーベル経済学賞を受賞したジェームズ・ヘックマン氏の40年間にわたる研究によると、幼少期に行った幼児教育は後に行う教育よりも大きな経済効果を生むと言われています。

ただ、ここで考えておきたいことがあります。

幼児教育が良いといっても、あれもこれもと手を出して、支出が増え、家計を圧迫してしまっているとしたら、本末転倒。習い事や塾代のために、収入のほとんどを費やしているご家庭もあるようですが、収入に対して、教育費が占める比率があまりに大きくなりすぎるのも考えものです。

子どもの習い事が、本当に将来の投資家マインドの醸成に繋がっているのか、よく見極めて判断する必要があるでしょう。

どんな能力を身につけさせたいかを考えて習い事をさせる

もちろん、さまざまな習い事に挑戦させて、子どもの感性や可能性を伸ばしてあげるのは良いことでしょう。

でも、やみくもにあれもこれもと習わせ続けるのではなく、子どもの適性や反応を見ながら習い事の数を絞っていくことが大切です。

実際、我が家の場合も、最初はいろんなものに挑戦させていました。その結果、費やすお金も時間も膨大になるばかり。子どもたちの気力も体力も持ちませんでした。さらに、家族で過ごす大切な時間も減っていました。

そこで、習い事をサッカーと中国語の2つに絞り込みました。

なぜサッカーかというと、子どもたちが、サッカーをしているときが最も集中して楽しんでいて、表情が生き生きしていたからです。

そして、何よりそこで出会った友達との交流を通して、子どものコミュニケーション能力が向上していることを感じたからです。**サッカーに取り組むことは、チームワークや競争力、リーダー的素質など、さまざまな恩恵がある**と感じています。

私も、世界最大手の外資系証券会社の入社面接で最初に聞かれたのが、スポーツのことでした。

また、中国語を選んだ理由は、多くの人たちの問題解決をしてほしいというところから生まれています。中国は2030年にはアメリカを超えた経済大国になる見通しです。

人口が一番多い中国人とコミュニケーションをとれれば、問題解決をできる範囲が広がるでしょう。

コミュニケーション能力があれば、どんな人とも話ができて、人々が持っている問題を聞き出し、解決策を考える。もし、自分の力では解決できない問題であれば、問題を解決するために必要な能力やスキルを持った人を巻き込むことができます。

つまり、**コミュニケーション力さえあれば、お金を生みだすことはいくらでもできるのです。**

子どものどんな能力をアップさせるために、どんな習い事が必要であるのかを家族でじっくり考えたり、話し合うことはとても有意義です。

習い事のお金を一部投資に回してみる

無駄な習い事を減らすことで、金銭的に余裕が生まれます。

ここでお勧めしたいのが、現在、習い事にかけているお金の一部を投資に回すという考え方です。**この時の投資先を子どもと一緒に決めることが重要です。**

例えばこんな感じです。

〈習い事を複数やっている場合（月額）〉

例①：スイミング（7000円）、ピアノ教室（6000円）

例②：英会話教室（6000円）、知育教室（5000円）、体操教室（5000円）

〈習い事を1つに絞った場合（月額）〉

例①：スイミング（7000円）、ジュニアNISA（6000円）

例②：英会話教室（6000円）、ジュニアNISA（1万円）

こうした取り組みにはたくさんの効果があります。

支出を減らしながら、無理なく資産を増やせるうえに、子どもと投資の重要性についてコミュニケーションをとるきっかけにもなり、実践型のお金の教育ができます。

図5-4 習い事のお金の一部をお金の教育に回す

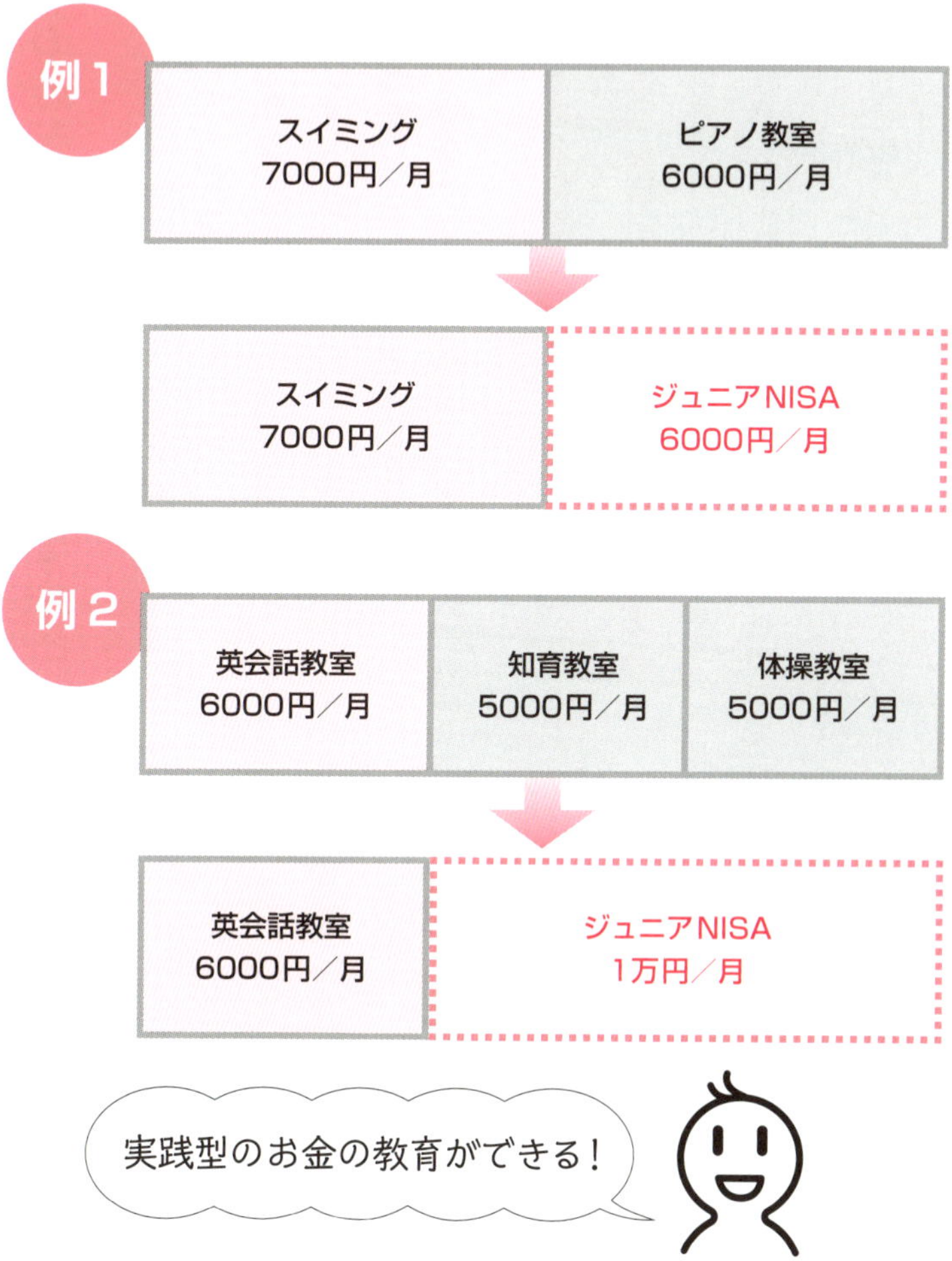

5 お金を「7～15歳の小中学生」にどう教えるか

小学生～中学生になると、実際に自分でお金を使う機会も増えてくる時期です。お小遣いを与えているだけにとどまらず、生活のあらゆる場面でお金に関心を寄せ、考える習慣をつけるように促しましょう。

また、この頃からはできれば、少額でもいいので、実際に投資を体験させるとよいでしょう。

お金とは、言語のようなものであると教える

お金は言葉や言語と同じ性質を持っています。

お金も言葉も、よりたくさんの人たちが連携をして行動できるようにしてくれます。例えば日本語という言葉は、日本語で会話をできる人たちが連携して行動ができるようにしてくれます。同様に英語や中国語もその言葉を話す人たちとうまく連携できるようにしてくれます。

英語は世界のビジネスの基軸言語ですので、世界のビジネスの舞台で働くためには必要な言語です。

お金を言語として考えた場合も同じく、**お金という世界共通の言語を理解していないと、一緒に活動をすることが難しくなります。**

もちろん、世界各国にはそれぞれの通貨が存在します。国をまたいで使う場合には、換金する必要もあります。

でも、基本的なお金のルールは変わりません。

その国際的なお金のルールを学ぶことは、国際社会に生きる子どもたちにとってとても重要なことです。

さらに、国際的なルールに加えて、**リッチマインドたちが使っているお金の言語というもの**があります。その言語はお金のことを学んだ人にしか理解できません。

リッチマインドの人たちは、どんな言語を使っているのかを親子で学んでいくようにしましょう。

以下に紹介するゲームやクイズは、その言語を身につけるためのとても良いトレーニングになります。

外食先での会計をあてるゲーム

我が家では外食したときに、食べ終わったときの会計の合計がいくらになったかを当てるゲームをしています。合計金額に一番近い数字を言えた人が勝ちとなるルールですが、お金の感覚を鍛えるのに、とても役に立ちます。

このゲームに勝つためには、最初にメニューをしっかり読んで、メニューの値段を記憶する必要があります。

また、デザートやドリンクなどのサイドメニューがあれば、それも計算に入れる必要があります。そして、記憶したメニューを合計する計算力も必要です。

計算ができない子でも、あてずっぽうで当てさせてみます。そのことにより、金銭感覚を養うことができるためです。

このゲームを外食のたびに何度もやっていると、メニューの値段をほとんど見なくても、実際の合計金額に近い答えが出てくるようになります。

また、「先週の中華定食屋さんでは、みんなでおなかいっぱい食べたときの、合計金額は、3240円だったけど、今日のイタリアンレストランは1万2960円だったね。どうして、こんなに金額が違うのだと思う?」と質問してみます。

図 5-5 外食先で会計を当てるゲーム

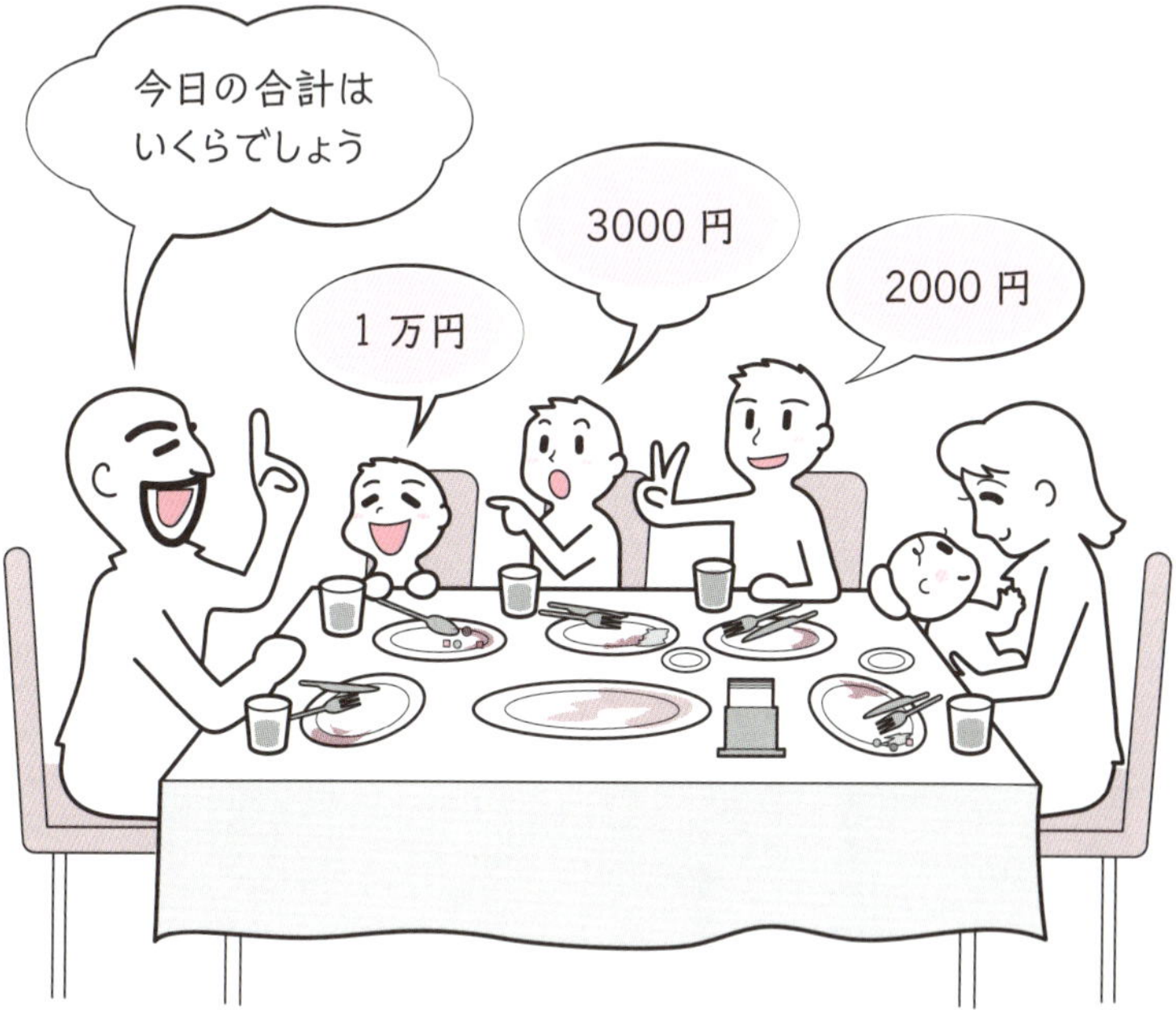

お金の感覚が鍛えられる

↓

家庭の「損益計算」を考える材料になる

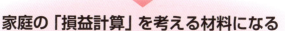

すると、「昼よりも夜は高いから」「お皿が何枚もでてきたから」「内装がきれいだから」「お肉が高いから」など、料金が高くなる要素を子どもたちが答えます。

このように意見を出し合うことで、たくさんの探求ができますよね。

合計金額の値段当てに慣れてきたら、1か月の収入における外食費の割合などを計算してみるのもよいでしょう。家庭の損益計算に外食費がどのような影響を与えているかをみんなで考えてみるといろんな発見があるでしょう。

お店の売り上げを計算させるクイズ

よく利用するカフェ等の店の1日の売り上げや利益を計算するゲームもお勧めです。

我が家では、近所にあるスターバックスの1日の利益を考えるというクイズをして、それに解答できたら、お小遣いを上げるゲームをしました。

そのときに、子どもと交わした会話は次のようなものです。

《子どもに教える場合には……》

「スターバックスの1日の利益を計算してみようか」
「どうやって利益ってわかるの？」

「利益とは、お店に入ったお金から、出ていくお金を引いたものだよ」

「じゃ、スターバックスでどうやってお金が入ってきたってわかるの？」

「コーヒーっていくら？」

「１杯３５０円くらいかな」

「値段がわかるところってどこかな」

「メニューに載ってる！」

「１人いくらくらい使うのかはどこを見たらわかるかな？」

「レジを見ているとわかる！」

「そうだね。レジのところに表示される金額が、１人当たりのお客さんが支払うお金。
これがお店に入ってくるお金だね」

「５００円くらいかな」

「あとは１日にお客さんが何人くらい入ってくるかを数えればわかるね。お店が開いている時間が16時間であれば、１時間に入るお客さんの数×16時間で計算できるね」

「掛け算なんて簡単さ！」

「次は、店から出ていくお金を考える必要があるね。出ていくお金は何があるかな」

「スタバの店員さんに支払うお給料かな」

「そうだね。人件費だね。人件費はネットで調べられるよ。スターバックスのアルバイトの料金が出ているからね。その料金から、1日当たりのおおよその人件費が計算できるね。お店に、6人のスタッフがいれば、6倍すればいいってことだよね」

「あとは、お店の家賃とかコーヒーの豆も仕入れないといけないね」

さっそく、実際に近所のスターバックスに行って、店を観察した子どもが、自分なりに店の利益を計算してきました。

その結果を見ながら、さらに、

「お店は残ったお金で何ができるかな？」

「なぜいつもお店には行列ができているのかな？」

「なんでコンビニのコーヒーと価格が3倍も違うのだろう」

などと質問をしながら話を展開していきます。

こんなクイズを日頃からすることで、どんな企業が世の中にはあって、どんな人のどんな問題を解決して、どんな価値を提供しているのかを考えるトレーニングになります。これは、投資をする際にとても大切な能力を伸ばすことにつながります。

こんなクイズで、日常生活の中でお金の探求が無限にできるというわけです。

Financial Education

6 投資を「7〜15歳の小中学生」にどう教えるか

子どもが欲しい物を作っている会社が買えることを教える

わが家の長男は7歳のときに株を始めました。

きっかけは、アップルストアに行ったときに、iPadが欲しいと駄々をこねたことでした。その時私は、「iPadという製品を買うんじゃなくて、iPadを作っている会社を買ったらどう？」と話しました。

すると息子は、「会社を買うって、そんなことできるの？」と質問してきました。

そこで私は、スマホからアップル社の株が買える画面を表示させて、息子に見せました。

すると、息子は、「アップルの株を買いたい！」と言い出しました。

ついでに、Nikeの靴が好きなのでNikeの株を追加し、さらに、Sony、Amazonを買い足しました。ウーバーも買いたいと息子に言われたので、上場していない会社のことも伝えました（ウーバーは2019年5月に上場予定）。

図 5-6 **7歳のときに株を始めたわが家の息子**

ちなみに、アップルの株をウォーレン・バフェットが今では大量保有していますが、それより先に買っていました（笑）。

お金の勉強を子どもと一緒にしているといつも感じることなのですが、子どもの感度ってすごいなと思います。

子どもたちは、これらの企業が社会の抱える問題を解決して、多くの価値を社会に提供していることを、自然に感じる力を持っているのです。

例えば、「ｉＰａｄ」をなぜこんなに欲しがるのか？ それは、友達がみんな持っていて、うらやましいということが理由の場合が多いです。

周りのみんなが持っているということは、ものすごく売れているということですよね。つまりは、身の回りの現象から、アップルが伸びる会社であることが7歳の子どもでもわかるのです。

子どもが株式投資で活用できるのは「ジュニアＮＩＳＡ」です。投資信託であれば、通常なら1万円程度、積立投資なら毎月100円からでも購入できるものもあります。

実際に、投資をはじめなくても、「商品やサービスを売っている会社の株を買う」という発想があるということを教えるだけでも大きな学びとなるでしょう。

不動産投資の感覚を身につけるクイズ

不動産について話をすることは、リッチマインドを育てる良いテーマです。

私は、北海道に賃貸で9階建ての不動産を所有しているのですが、先日この部屋の値段について、子どもから質問がありました。

「パパ、北海道のマンションは1部屋何円で貸しているの？」

「1部屋9万円だよ」

「ふーん」

「59部屋あるということは、全体でひと月に入る収益はいくらになるかわかる？」

と質問しました。

このやりとりは、掛け算できることをヒントに教えます。そこから、管理費などがあることなどに話を展開していき、不動産投資について教えていきます。

一般のご家庭では、不動産なんて持っていないし、こんな話が親子でできるのは、結局金持ちの家だけだと思われたかもしれません。

でも、そんなことはありません。どのご家庭でもできることなのです。

例えば、もし、ご自宅が賃貸マンションであれば、その部屋の賃料から、マンション一棟の値段を計算してみたりすればよいわけですから。

不動産は、会社や個人など、住居を借りたい人にその住居を貸すということで、問題解決をしています。**不動産投資とは、そのような問題解決に、お金を提供する**というものです。

日頃からこんな計算をしていると、実際に投資物件を見たときに、すぐに収益の計算がぱっとできるようになり、投資をすべきかどうかの判断力が育つようになります。

Financial Education

7 お小遣いを「7〜15歳の小中学生」にどう教えるか

お小遣いで「自制心」が育つ？

お小遣いをどう使うか、どう貯めるか、ということは小中学生にとってお金を学ぶ恰好の機会になると思います。

例えば、月々の小遣いの金額を決めて与える定額制にすべきか、あるいは必要なときにその都度あげるべきかで悩まれている親御さんも多いことでしょう。

必要なときにその都度のお小遣いをあげれば、子どもが無駄なことにお金を使うことを予防できるという考え方もあります。しかし自制心を育てるという面では、定額制を取り入れるとよいかもしれません。

１９６０年代にスタンフォード大学で行われた有名な実験に「マシュマロ実験」というものがあります。これは「自制心」（セルフコントロール）が、大人になってからの成功とどのように関係するのかを調べたものです。

４歳の子どもの前に1個のマシュマロを置き、「15分間食べるのをがまんしたらもう1個あげる。もし、私（試験官）がいない間に食べてしまったら、2つ目はなしだよ」と言って、部屋を出ました。結果は、3分の1の子どもががまんし、2個目のマシュマロをもらうことができました。

この実験の興味深い点は、子どもが成長した後の、社会的な成功度に大きな相関性を見出せたということです。

つまり、18年後の22歳の段階で、マシュマロを食べなかった子どもは、食べてしまった子どもよりも、学業の成績、収入、社会的ステータスなど、社会的な成功を収めていたといいます。

「未来」のより大きな成功のためには、自己の衝動や感情をコントロールし、「今」はちょっと辛抱するという自制心を育てることが大事であることがわかります。

また、**お小遣いを定額制にして自分でお金を管理させることで、欲しいものに対して感情をコントロールする自制心を育む**ことができるかもしれないと期待できます。

将来の成功に影響を与えるのは家庭の経済状況

ところが、このマシュマロ実験の結果を覆す再現実験が2018年に行われました。

今回の被験者数は900人。

図5-7 2つのマシュマロ実験

【出典】SAGE JOURNALS
(http://journals.sagepub.com/doi/abs/10.1177/0956797618761661)

再現実験を行った結果、「マシュマロを食べないでいられるかは、子どもの自制心よりも、子どもの社会的・経済的な背景の影響のほうが大きい」ということがわかったそうです。

研究によると、我慢できずに食べてしまった子どもたちの多くが、経済的な貧困の子どもが多く、日ごろから「我慢をしたら○○をあげるね」と言われた経験がありません。また、子どもたちは、「今、あっても明日はないかもしれない」という感情を持っていることが推測されます。

一方で、食べなかった子どもたちは、今すぐにもらえなくても、後で必ずくれるほどに大人というものは裕福であることを知っているので、喜びを先延ばしにすることができたのではないかという見解が示されました。

この実験からわかることは、**子どもの将来に大きな影響を与えるのは、家庭の経済環境にある**という示唆です。

このことからも、経済格差が広がり、貧困家庭で育つ子どもたちが増えることはとても懸念すべきことであり、子どもを貧困環境に置かないことがとても大事であることがわかります。

「無駄遣い」はなぜしてはいけないのかを教える

親は子どもにお小遣いをあげるときに、「無駄遣いをしてはいけないよ」と戒めることが多いでしょう。

では、果たして、無駄遣いとはなんでしょうか？

無駄遣いとは、自分が提供した価値（お金）より得られた価値のほうが少ないことを指します。

我が家の長男は、オンラインゲームにはまっていて、そのゲームの中で使うアイテムを買うために、時々私にお小遣いをねだってくることがあります。

親の私にとっては、ゲーム内のアイテムにお金を使うことはまさに無駄遣いに思えます。でも、息子にとっては、どうでしょう？

アイテムを手に入れることによって、友人に自慢ができるかもしれません。

息子にとって、必要のあることなのでしょう。ですので、いくら無駄遣いをするなと口酸っぱく言っても、子ども自身が無駄だと感じていなければ、無駄遣いをしていると思えないのです。

「無駄遣いをするな」と言う代わりに、**「そのお金を使ったら、代わりに何が得られ**

るの？　それは君にとってどんな価値があるの？」と問うてみる必要があるのではないでしょうか。

そして、「無駄遣いをするな」ではなくて、「大切に使ってね」と添えて、お小遣いをあげるようにしてはいかがでしょう。

「使う」目的がある貯金は良しと教える

お正月のお年玉など、子どもがまとまったお金を手にすることがあります。

多くのご家庭では、すべてのお金を使わずに、預貯金することを促すことが多いでしょう。

もし、預貯金を勧めるのであれば、使う目的を決めておくことを教えましょう。

このとき、子どもが特に欲しいものがなく、すぐにお金を使う必要がない場合は、ぜひ投資に取り組んで欲しいと思います。お年玉とお小遣いを貯めて、まとまった金額にしてから投資に進んでも良いでしょう。

あるいは、後述するように一部を寄付してみてはいかがでしょうか。

つまりは、**何かを買うためでも、投資のための元銭に使うためでも、「何かに使う」という明確な目的がある貯蓄であれば良い**のです。

図5-8 お年玉の使い道を考える

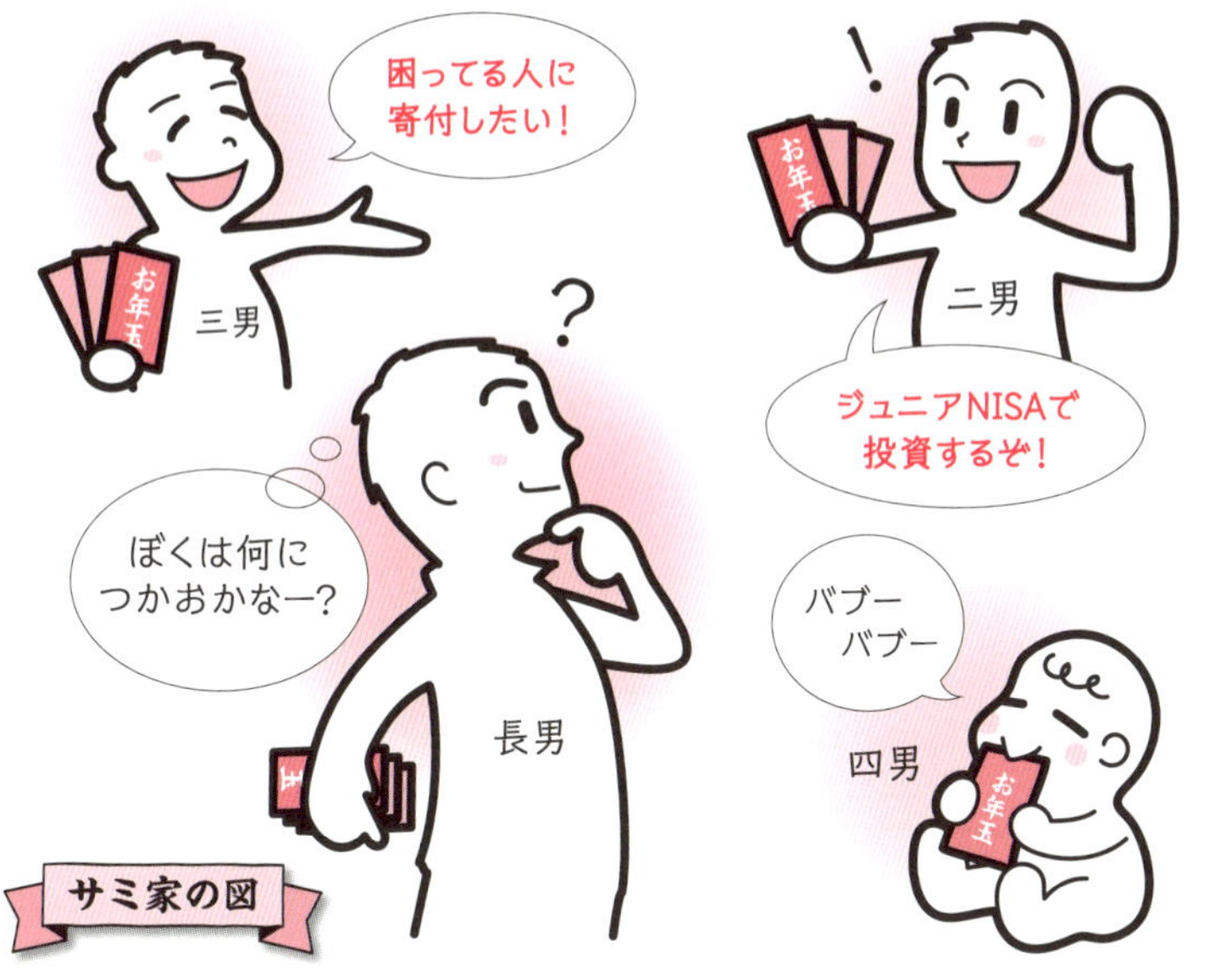

ただ貯金をするという行為はお金が安心をもたらすことを象徴します。

何か予期できない悪いことがあったときのために保険代わりに貯金をするのと、**良い機会が訪れたときにそれをつかむために貯金をするのとでは、引き寄せているものがまったく違いますよね。**

この考え方は、大人であっても子どもであっても同じです。

実際にすぐに使うお金でないものは、単に貯蓄するのではなく、できるだけお金に働かせるように運用することを教えたいものです。

お年玉の一部を寄付してみる

欧米では、寄付をする習慣が当たり前のようにあります。特に、お金持ちの中には、多額の寄付をしている人たちが大勢います。

我が家でも、お年玉などのまとまったお金をもらえるときは、一部を寄付するようにと話をしています。例えば、5000円をもらったら、そのうちの1000円を「寄付袋」と称した紙の袋に入れておきます。

また、コンビニなどに設置してある募金箱に入れるのではなく、直接寄付金を渡せるところにするようにします。

どこに寄付をするかを子どもと一緒に考えることは、**「どんな人がどんなことに困っているのか?」を考えるためのとても良い勉強になります。**

寄付という行為は、大人になってからいきなりできるものではありません。子どもの頃から寄付をする習慣、つまりは、困っている人に対して目を向ける姿勢が育っていなければ行動することは難しいのです。

Financial Education

8 「7〜15歳の小中学生」がお金に詳しくなってきたら

お金のシステムは変わりやすいことを教える

お金のシステムは時代と共に変化します。

今あるお金の形態は、未来永劫続くものではなく、経済の変化に伴って変わるものであることを子どもに教えたいものです。

去年の秋頃までは、我が家の子どもたちはビットコインに夢中になっていました。ビットコインの話を子どもと一緒にすることで、そもそもお金とはどんなものであるのかを考えたり、現在ある紙のお金がなくなる可能性があることを教えることができます。

「10年後に使われているお金ってどんなだろうね？」と言いながら、各国が模索しているデジタルコインについて調べてみることも勉強になります。例えば、シンガポールやアメリカなどではデジタルコインの検討が進んでいます。

日本でも、ビットコインに代わる新しいお金がもっと流通する時代が、近いうちに

来るでしょう。

また、「ビットコインはもう古いよ」と教え、現在私が携わっている、第4世代の分散型記帳台帳である「ヘデラ・ハッシュグラフ」の話をすることもあります。

これは、第4世代と言われる新しいお金の仕組みの基盤となりうるシステムです。

ビットコインの中核的な技術である「ブロックチェーン」の登場によって、「分散型台帳」という新しいシステムへの注目が集まっています。しかし、「ブロックチェーン」はその技術の単なる一つに過ぎず、かつ問題点を多く抱えているため、未来の社会基盤にはなれない、と私は考えています。

このようにブロックチェーンには課題が山積している一方で、第4世代と呼ばれる「ヘデラ・ハッシュグラフ（Hedera Hashgraph）」はそれらの問題点をクリアした技術です。

新しいお金の仕組みを子どもたちに話すために、私自身も勉強を続けています。

親が働いている姿を子どもに見せる

私はできる限り、自分の講演やセミナー等に子どもたちを連れていきます。

それは、自分が働いている姿を子どもに見せるためです。

子どもたちは自分の父親や母親が働く姿を見て、**親が誰のどんな問題を解決し、価値を社会に提供しているかを感じる**ことができます。

仕事場に子どもを連れて行ける人は限られていますが、それが難しい場合は、親がどんな仕事をして、どのように世の中の役に立っているのかを、家庭で話すだけでもよいでしょう。

親の仕事を通して、子どもが社会に関心を持ち、問題を探し出し、自分自身の価値を高めたいと思うきっかけにもなるはずです。

私の最愛の父は10年ほど前に亡くなりましたが、父にお金のことやビジネスについて多くを学びました。

パキスタンで生まれた父は30代で来日し、車の輸出代行業で生計を立てた苦労人です。そんな父が私に繰り返し教えてくれたことを、今でもよく思い出します。

「一時的な快楽や社会的なステータスのために、お金を投資するつもりはない。しかし、**お前たちの教育のためなら、いくらでも投資するよ**」

父は私を含めた４人の子どもを、自分の職場や商談のときに一緒に連れていってくれました。一つひとつの場面で、父の言葉と行動が一致していることを学びました。

そうした経験は、私たちにとてもいい影響を与えてくれたと思います。

そのおかげでしょうか、4人兄弟のうち、兄はシリコンバレーでITベンチャーの社長、姉は米国で弁護士、弟は米国で医師として、それぞれ活躍しています。

塾や習い事は良い投資かどうかを考え、一部をお金の教育に回してみる

多くのご家庭で、塾代は大きな出費となっています。

中学受験用の進学塾代は、小学4年生~小学6年生まで3年間通い、長期休暇の補習や模擬試験を合わせると約300万円かかるといわれています。一般家庭の収入から考えると大変大きな支出ですね。

親は子どものことを思って、生活費を削ってでも、決して安くはない塾代を払います。しかし、多くの子どもが希望の学校に入学できる保証はありませんし、入学できたとしても、学校になじめずに不登校になる子どもも少なくありません。

つまりは、多額の投資をしたとしても、残念ながらその努力が無駄になっているケースがとても多いのではないでしょうか。そのため、塾に一点集中的に投資をすることは大きなリスクだと言わざるをえません。

もちろん、塾に通うこともメリットはありますが、どれだけのリターンが見込めるのかを冷静に判断して取り組むほうが賢明でしょう。

子どもの幸せを願って、いろんな習い事をさせたり、良い学校に行くための塾にも行かせたりしてあげたいという気持ちは理解できます。

でも、もし、それらにかける熱意をお金の教育に費やしたとしたらどうでしょうか。**いまかけているお金や時間の半分、いいえ、その2割でも費やすことができたら**、ほんとうにすごいことが起こると私は確信しています。

文部科学省のデータによると、小学生の習い事の平均月額は1・8万円程度。塾の費用は年間で50万~100万円で、月額4万~8万円強となります。

塾代と習い事を足すと、月5万円以上の支出になっている家庭も多いのです。とても大きな額を教育費に投資していることがわかります。

もし、それらの習い事や塾代にかかるお金の配分を3万円程度に抑えて、浮いた約2万円を「ジュニアNISA」などの投資に回してはいかがでしょうか。

あるいは、1万5000円を投資に回し、残りの5000円でお金の知識を向上させるための勉強の費用(書籍やお金のセミナー代等)としてみてはいかがでしょうか。

つまり、子どもの教育費の中に、**お金の教育につながるようなものは必ず一つは入れる**ようにするのです。

〈お金の教育をとくにせず、塾代や習い事代に毎月5万円をかけた場合〉

例：習い事（2万円）、塾代（3万円）

〈毎月5万円の塾代や習い事代のうち、お金の教育に一部を回した場合〉

例：塾＋習い事（3万円）、ジュニアＮＩＳＡ（1万5000円）、
　お金の勉強費用（5000円）

〈塾に通う合間に、お金の勉強をする時間を入れた場合の時間配分〉

例1：学習塾12時間、英会話4時間、外食時の会計当てゲーム30分／月

例2：学習塾8時間、ピアノ教室4時間、家族でキャッシュゲーム2時間／月

我が家の場合は、どんな習い事や塾よりも、お金の教育にお金と時間を費やしているように思います。

最近では、一番上の8歳の息子が、私の主催するお金の勉強会に出席して勉強を始めました。今後は、下の子どもたちも参加して、家族全員でお金の勉強ができることを楽しみにしています。

図 5-9 塾や習い事の月謝の一部をお金の教育に回してみる

〈お金の教育に一部のお金を回した場合〉5万円／月の場合

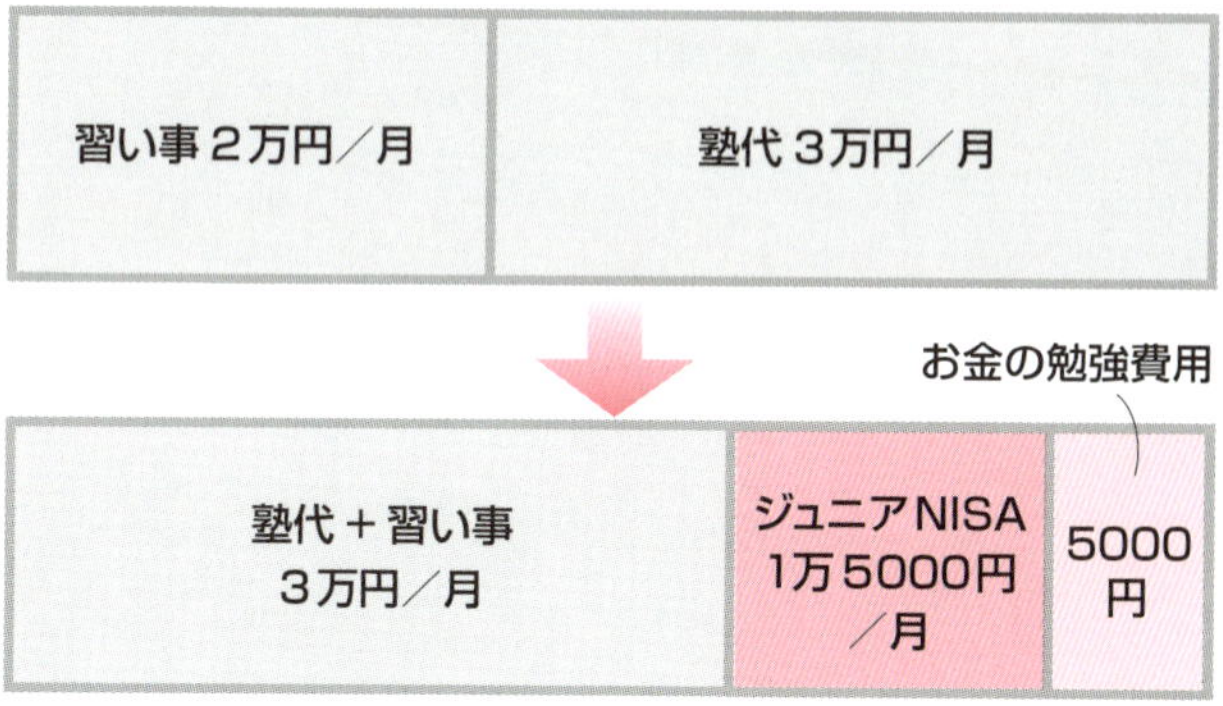

〈お金の勉強をする時間を入れた場合〉／月

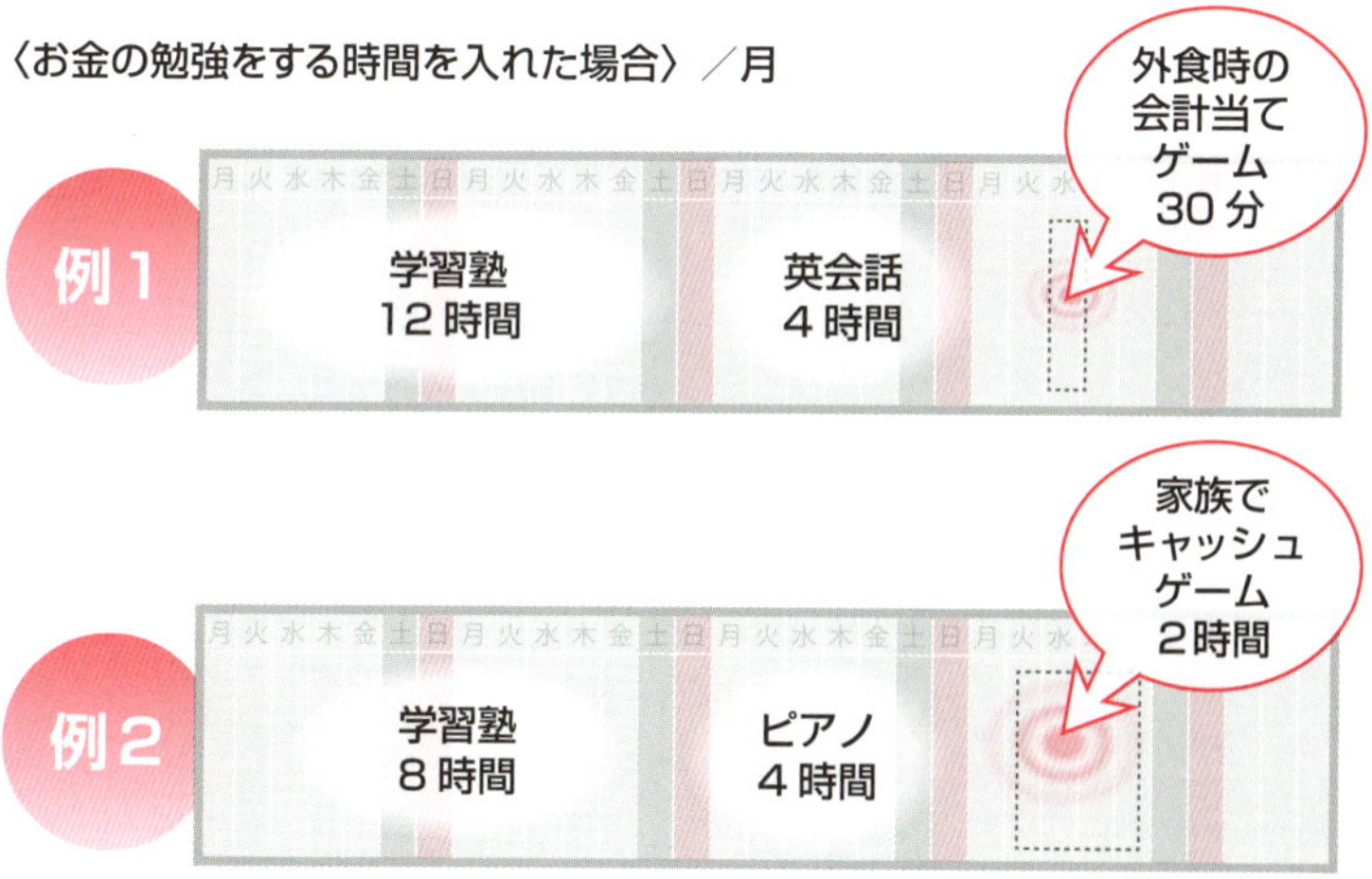

Financial Education

9 お金を「16～18歳の高校生」にどう教えるか

高校生にもなれば、周りの大人たちが話題にしていることや、ニュースで報道されていることを深く理解できる年頃です。

ただ、見聞きした情報をそのまま受け止めずに、「果たして本当なのか？」と常に、問う姿勢が求められます。

お金の仕組みと歴史について学べば、あふれる情報の中から何が真実か、何が間違っている情報かを自分で判別できる力を持てるようになります。

情報の洪水に流されないようにするためにも、しっかりとお金について学んで欲しいと願います。

教育の「目的」と「手段」が入れ替わっていないか注意する

親の多くが、勉強がすべてじゃないといいながらも、結局は、自分の子どものことになると、より高い偏差値の学校や大企業への就職を願い、受験をうまくくぐりぬけることに労力を注ぎがちです。

しかし本来は、**子どもが将来、社会の中で生きていけるようにすることが目的**であるべきで、上位の学校に進学したり、良い企業に就職するということは一つの「手段」にすぎません。

ところが、往々にして、この「目的」と「手段」がねじれ、手段が目的になってしまっていることがあるように思います。

良い学校や大企業に就職することが教育の目的では、決して「安心」と「自由」のある未来を手にすることはできません。

受験勉強のための費用は妥当かを話し合う

例えば、多くの家庭において、塾代は家計をひっ迫させている要因となっています。ここで、冷静になって考えてほしいことは、それだけの出費をしたところで、いったいどれだけのリターンが見込めるかということです。

酷な表現となってしまうかもしれませんが、それほど多額のお金を使って、塾代にあてたとしても、実際のリターンはそれほど多くないのではないでしょうか。

現に、大学のブランドの価値が年々目減りしている状況で、より高いブランド力のある大学に入学し、卒業し、就職活動をしたところで、その大学のブランド力など、なきに等しいからです。

東京大学でさえ、世界の大学ランキングでは、40位以下です。今後も、大学卒のブランド価値は減っていくことは間違いないでしょう。

もちろん、特定の大学でしかやっていない研究があるので、どうしてもその大学に進学したいというような明確な目的がある場合は別です。しかし、なんとなく大学に進学を希望するというのであれば、なにも、多額のお金を使って塾に通う必要はありません。

そんなお金を使うくらいならば、その費用と時間を使って、お金の勉強をするほうが断然リターンが高いからです。

「お金を得るためだけにアルバイトをしない」と教える

高校生になれば、アルバイトをする子も多いでしょう。

アルバイトをすることは悪いことではありません。ただ、「安心」と「自由」のある人生を手にする人は、Eに入っても、Eのマインドだけで働いたりはしません。

そこが、ただのアルバイトをする人との違いです。

何が違うのかというと、お金のために働かないのです。例えば、大富豪であるジャック・ウェルチは、ゴルフのキャディとして働いていたそうです。アルバイトのような仕事内容でしたが、彼は違っていました。

ゴルフをやる人たちというのは、ある一定のステータスを持っています。つまり、リッチマインドの人たちが多いのです。そういう人たちとたくさんの時間を過ごして、彼らのマインドを吸収することができると考えたからです。

例えば、アルバイトをするときでも、「お金を得るためならどこでもいいや」という考えではなく、もしマクドナルドでバイトをするならば、「マクドナルドのチェーンの仕組みを学ぶため」あるいは「なぜ、マクドナルドには人が集まるのか」などの問いの姿勢を持って、働けるようになると良いでしょう。

時給900円をもらうために働くのか、それとも、900円もいただいて学ばせてもらっているという意識で働くのとでは、大きな違いが生まれるはずです。

アルバイトの時と同様に、就職先を選ぶ際には、どんなノウハウを学べるのかを考えて就職先を選ぶことを教えましょう。

「人に商品を売る技術を身につけたいからA社」「経営ノウハウを身につけたいからB社」など、どんな学びを得られるかで決めるように伝えましょう。

アルバイトよりも高校生のうちに学ぶべきことがある

「お金を稼ぐ親の苦労を知るために、アルバイトをすることはよい」

「高校生なんだから自分の小遣いくらい、自分で稼いでほしい」

そのように思う親は多いものです。実際に、ご自身も親にそのように言われたという経験のある方も多いことでしょう。

ところが、**お金の勉強を始めると、一気に意識が変わってくる**のです。私が主宰するお金の勉強会に来ていた、あるお父さんのエピソードを紹介しましょう。

「先日、高校生の娘がアルバイトを始めたいと言ってきたんです。そのとき私は、『3か月分のアルバイト代はお父さんが出すから、その時間を使って、お金の勉強をしてみないか』と伝えてみたんです」

効果はてきめんでした。お金について勉強を始めた娘さんから、次のような質問攻めにあったそうです。

「お父さん、『ローソク足』って何？　株買いたいんだけど」

「『陰線』と『陽線』がつながったら、何が起こるか教えて？」

この高校生の娘さんは、お父さんと3か月のお金の勉強をした結果、お金への関心を高めて自分で学ぶ力をつけたのです。

高校生といえば、人生の中でも最も多感な時期でしょう。

その**貴重な3年間を、時給千円程度のアルバイトに費やさせるか、それともお金の勉強をさせるか**。

親御さんの意識の違いが、子どもの将来に大きな差をもたらすに違いありません。

給料が少ない人と多い人の違いはどこからくるのかを教える

多くの労働が、人生の貴重な時間を売って、お金を得ていることについて家族で話してみるとよいでしょう。

実際に、親御さんの時給がどれくらいになるのかを計算して、子どもに伝えてみるのも良いでしょう。ほとんどの人が、いったい自分はどのくらいの時給で働いているのかを知らないものです。勇気を持って計算してみることから始めましょう。

また、労働をしてお金を手に入れることのほかに、お金はかならずしも汗水たらして手に入れるものだけではないことを教えてください。何も株式などの金融の投資だけではありません。

お金を生み出す方法には、会社に勤めるなどの自分の時間を切り売りする以外にも、どんなことがあるのかを話し合うだけでも、いろいろな気づきがあるはずです。

そして、解決している問題の大きさに比例して報酬が得られることを教えてください。多くのお金を得るためには、人が抱える問題をより多く解決することが最も大事であることを伝えてください。

「一生懸命に働く」＝「お金が増える」ではないと教える

「一生懸命に働く」＝「お金が増える」ではありません。

日本人は勤勉だといわれますが、実際、日本人の生産性は低く、ＯＥＣＤの調べによると、加盟34か国中21位、先進7か国の中では最下位です。

つまり、日本人は長時間働いているにもかかわらず、働いた分の報酬をきちんと生み出せていないのです。なぜそうなってしまうのかと言うと、ほとんどの人が、「ただ一生懸命に働く」ことに集中しているからです。

一方、お金を増やせる人の働き方は、「**お金を増やすには、どのように仕事をしたらよいかを考えてから、働く**」ことを意識的にしています。

つまり、仕事をする前に、どのように仕事をしたら一番効率的なのかを徹底的に考えてから、仕事に着手しているのです。

これを「ストラテジー（戦略）」と言います。

例えば、通常8時間かかる仕事をする場合、どのように仕事をしたらよいか、3時間かけて徹底的に考えます。そして、実際の仕事は2時間で終わらせてしまいます。

こうすると、3時間の時間が生み出されます。事前準備の段階で、より少ない労力と時間で、より大きな成果を獲得するストラテジーが大切なのです。

Financial Education

10 借金について「16～18歳の高校生」に教えてみる

悪い借金は「安心」と「自由」を奪い、自己破産へつながると教える

借金には、悪い借金があることを教えましょう。

30年もの長いローンを組む住宅ローンは悪い借金の典型であり、人生から「安心」と「自由」を奪う根源であると話しましょう。

もし、すでに長期のローンを組んでしまっているご家庭の場合でも、どうか隠さずにその事実をお子さんに話してみましょう。

そして、自分とは同じ間違いを起こさせないためにも、しっかりとお金のことについて学ぶべきだと伝えてください。そして、親が巨額な負債を抱えることで、お子さんには大きな教訓を残せたと前向きにとらえてみましょう。

しかし、悪い借金をすることで、毎年多くの人が自己破産に追い込まれています。

特に、**クレジットカードで利用できるリボ払いの恐ろしさ**については、親は子どもにもっとしっかりと教えるべきでしょう。

リボ払いは、毎月の返済額が一定に抑えられる点で、魅力的な支払方法です。支払額が一定なので、たとえ50万円の買い物をしても、支払額を月額1万円に設定しておけば、月々の支払いは1万円で済みます。

しかし、利息はカード会社によって違いがありますが、15〜18％と高く設定されています。そのため、月々の返済のほとんどが利息返済に充てられ、元金がいつまでたっても減らないのです。

ですので、**リボ払いは、絶対に手を出してはいけない借金**と教えてください。

また、学資ローンについても、家庭内で話す機会が必要だと思います。

学資ローンは教育の支援を目的として、現在多くの人が利用しています。

ただ、借りたローンを返済するためにかなり苦労したり、自己破産に追い込まれている人が少なくないということも考慮すべきです。

借金はいつか返さなくてはいけません。返せなくなる借金は、いくら教育のためとはいっても悪い借金なのです。

もし、大学を卒業して、就職をしてもその借金を返すことができないというのであれば、学資ローンは悪い借金だということです。

人や会社を豊かにする「良い借金」があることを教える

一方、良い借金があることも教えておきましょう。

我が家では、賃貸物件用の不動産を持っています。その不動産を購入するために、多くのお金を銀行から借りています。

これは良い借金です。なぜなら、賃料から得られる収益で、ローンを返済できており、その上にキャッシュフローも出ているからです。

そのキャッシュフローの分が我が家の家計に収入として入ってきます。

それによって、生活していけるという「安心」がもたらされ、家族と過ごしたり、自分が好きな仕事をしたり、お金の勉強をするなどの「自由」な時間を得ることができています。

借金によって、経済が成長する世の中では、**リッチマインドの人は、銀行から安い金利でお金を借りて、より高い利回りが得られるところに投資して、さらに資産を増やしているの**です。

借金とは時間を買うことができると教える

借金をするメリットはもう一つあります。

それは、お金を借りることで、時間を買うことができるという点です。

例えば、不動産投資をするために1000万円が必要だとします。

1000万円の資金を創ることは容易ではありません。地道に貯金をして、1000万円を貯めるとすると、かなりの時間がかかります。

5年、10年とかかるかもしれません。

しかし、もし、1000万円を銀行などから融資してもらうことができたら、**何年もの時間をショートカットして、不動産投資を始めることができます**。

そして、早くから投資に着手し、資産を持つことができれば、「安心」と「自由」を早く手に入れることができるというわけです。

11 「16~18歳の高校生」がお金に詳しくなってきたら

「運」をつかむために、準備をしようと教える

私が子どもの頃、父はよく「将来のために準備をしなさい」と言っていました。

その意味を、大人になって、多くのリッチマインドの人たちと出会うようになって理解できました。

また自分自身が「安心」と「自由」のある人生を手にしてからよくわかるようになりました。

リッチマインドの人は、常に「運」を味方につけているのです。

「運」とはなんでしょうか？

「運」とは、運命を天に任せることではありません。かつて、古代ローマの哲学者であるセネカは言っています。

「**運とは、準備と機会が出会ったときに起こる**」

準備をしていなかったら、チャンスは、目の前を通りすぎて行ってしまいます。も

し、準備をして機会をつかめば、他人からは「運がいいな」と言われます。

私自身も今でも、「運」をつかむために、子どもと一緒にファイナンシャルリテラシーを向上さるための勉強をしています。具体的には次のような準備をしています。

①流動性が低い不動産を売却して現金化し、流動性を向上している

地方ビルを売って、現金化している。現金化したお金は全天候型ポートフォリオの安全型配分に投資をしていきます。

②経費削減をしている

100年に一度のバーゲンセールにより、多く投資できるように、貯蓄を増やし、キャッシュフローを改善している。

③金銀や商品（穀物等）に投資している

インフレになる可能性を考慮し、現金以外の流動性が高い金融資産に移動している。

④マクロ経済の動向を注視できる情報商材に投資をしている

情報過多の時代に高品質の情報を集めるのには多大な時間と労力がかかります。そこで私は、世界一質の高いマクロ経済の情報を分析して提供している情報機関からの情報に投資しています。

⑤次世代技術を猛勉強させてもらいながら、報酬を得ている

時代の変化スピードは日に日に増しています。自分のスキルを磨き続けなければ社会に提供できる問題解決能力も劣ってきます。

次世代技術である分散型台帳のことを短期間で効率的に学べるように「ヘデラ・ハッシュグラフ」という会社の日本での普及活動を担っています。

さて、あなたは、「運」をつかむために、どんな準備をしていますか?

お金の歴史について親も一緒に勉強する

親は自分の価値観や考え方を子どもに伝えたいと思うものです。

しかし、親が経験してきたことは、せいぜい30数年程度。お金の知識に関しても、その人生の中で得たことだけを子どもに伝えようとするため、かなり偏った考え方や知識を伝えることになります。

お金の仕組みや歴史のところで見てきた通り、大きな経済の変化は70～100年のスパンでやってきます。

もし、自分の知らない過去を振り返らず、自分が体験してきた短期的な経験からの

価値観や考え方しか伝えられなかった場合、子どもは大きな間違いを回避できずに苦労したり、チャンスを逃したりするかもしれません。

ひとりの人が体験できることはわずかです。しかも親と子どもでは生きていく社会環境も経済情勢も異なっています。したがって、親の個人的な体験に基づく経済感覚だけをよりどころとした教育では、新しい時代を生きていく子どもをミスリードしてしまう可能性があります。

私たちは、過去の時代に何があったのかを知らなければ、次の世代に役に立つようなことが教えられません。ですから、親も謙虚になって、歴史から学ぶ必要があると、私自身にも言い聞かせています。

お金について学べる場所は広がっている！

私が、主催するお金の勉強会（ファイナンスジム）があります。

その勉強会の会費は月額４８００円。この勉強会にはとても熱心な方が参加しています。あまりの熱心さに私のほうが驚くほどです。

なぜこのような人が集まったのか？　それは、会費が４８００円であることに要因があると感じています。

もし、これが、月額２８００円だったり、あるいは無料であったならば、これほどまでに質の良い人たちは集まらなかったと思うのです。毎月４８００円という金額を投資してでも、継続的にお金の勉強がしたい！　という方が集まってきます。

実は投資とは、最初に、リスクをとらないとお金は増やせない仕組みなのです。

私は、たくさんの失敗をして、ようやく、お金との付き合い方を学びました。もちろん、人生の取り返しのつかないような失敗をしてはいけませんが、なにもリスクを冒さなければ、得られるものもありません。

損をしたくないから、と何もしないのであれば、何の成長も期待できないでしょう。そのことを知っているメンバーで構成されているこの勉強会には活気があります。

活気があるといっても、単なるお金を増やすための勉強会ではありません。

この勉強会では、個別の商品の投資方法よりも、**本書で述べてきたような、マインドや、お金の仕組みや、お金の歴史など、一見、お金の増やし方とは直接関係ないと思われるようなところから学んでいます**。

そして、現在は大人だけでなく、大学生や高校生などの若いメンバーも増えてきています。今後、ますます若い世代の参加が増え、ファイナンシャルリテラシーが向上していくことを期待しています。

エピローグ

お金の教育は子どもの未来に複利をもたらす

この章のSummary

- お金の教育をすることで、
子どもたちの多様な能力が開花する

- お金の教育をすると、
「数字」に強くなる

- お金に興味を持った子どもは
海外のサイトにアクセスするから
英語力が上がる

- お金の教育のほうが
偏差値重視の教育に比べて、
子どもの「自己肯定感」が高まる

- 子どもが世界を俯瞰するための
「グローバル教育」にも役立つ

Financial Education

お金の教育は子どもの能力を無限に広げます

お金の教育を行うことは、単にお金の知識が身につくだけでなく、「複利」の効果、つまりは子どもたちのさまざまな能力を開花させることができます。

どんな能力が上がるのか、ざっとご紹介しましょう。

お金の教育をすると「数字」に強くなる

お金は数字で表されます。お金のことをよく知るためには、数字に苦手意識を持たせないことがとても重要です。

この点、小さい頃から家庭内でお金の話をすることで、数字に強くなることができます。

たとえば、就学前の子どもであれば、財布の中の小銭を数えることから始めます。

小学生になれば、買い物の際の合計金額や割引された商品の割引後の値段を計算する。また、店舗の1日の売上を計算してみる。あるいは「ジュニアＮＩＳＡ」等を使って投資に挑戦し、5年後、10年後のリターンを計算してみる。

中高生になれば、家庭の損益計算書や貸借対照表を計算し、その中でローンや学費等の配分を考えてみる。

そんなことをしているうちに、数字を扱うことが当たり前であり、得意になっていくでしょう。

海外に行かずとも高い「英語力」が育つ

私の知り合いの女子大生には、海外生活の経験が全くないにも関わらず、高い英語力を持っている子がいます。私が日本代表をしている「ヘデラ・ハッシュグラフ」のブログの翻訳をこの女子大生にお願いしているほどです。

このブログはネイティブでも難しいなと思う表現も含まれるのですが、彼女は、見事な日本語へ翻訳してくれます。

どのようにして高い英語力を身につけられたのかを彼女に尋ねてみると、中学生頃から何を調べるにしても、英語のサイトを見ることが多かったと答えてくれました。

お金の教育をすると、ネット上にある英語の情報を得ることが多くなります。日頃から英語を読むことを通して、高い英語力をつけることができるでしょう。

テストや偏差値重視からの解放で「自己肯定感」が高まる

日本の子どもたちの「自己肯定感」が、世界の中でもとても低いというデータがあります。

「自分自身に満足している」「自分には長所がある」と感じている子どもたちの数は、先進国7か国の中で断トツに少ないのです（「我が国と諸外国の若者の意識に関する調査（平成25年度）」より）。

とても残念なデータです。なぜならば、自己肯定感が強いと、少々のことではめげなかったり、意欲的に人と人間関係を築けたりするようになります。

日本の子どもたちの自己肯定感が低い元凶は、子どもたちが小さい頃から、テストの点数や偏差値でのみ評価されてしまう、という点にあるのではないでしょうか。

テストや偏差値に偏った評価とは別に、子どもに自信をつけさせることができたとしたら、自己肯定感を高めることができるでしょう。そこで、お金の教育の出番があります。

なぜなら、お金を得ることは、他の人の問題解決をすることですから、答えは多種多様であり、一つの物差しで評価されるわけではないからです。そして、お金を増やすことは、そもそもとても楽しいことだからです。

子どもが世界を俯瞰できるようになる「グローバル教育」にも役立つ

昨今、グローバル教育の必要性が叫ばれています。

グローバル教育とは、「地球社会づくり、人権、平和、紛争防止、異文化などのテーマを通して世界規模でものごとを考える習慣を身につけさせる教育」を指します。

なぜ、このような教育が必要とされてきたのでしょうか?

それは、モノ、サービス、そして情報などがすべて世界とつながっている現代において、グローバル（世界規模）な視点で物事を考える必要があるからです。

世界規模で物事を考える習慣を身につけるには、先ほど紹介した英語力の必要性は言うまでもないとして、お金の教育も不可欠だと私は考えます。

お金のマインドを持ち、お金の仕組みやお金の歴史を理解し、探求することにより、世界経済全体を学ぶこと、つまり、世界規模で考える習慣が身につくでしょう。

そして、繰り返し説明したように、お金の教育はお金をかけずともできます。学校や習い事や塾に頼らなくても、家庭でできるのです。

子どもの頃から家庭の中でお金について話し合い、考えてみる。そのうえでお金を使って、増やすチャレンジをする。

それこそが、子どもに贈ることができる最高の教育ではないでしょうか。

おわりに――愛する未来の子どもたちへ

◇お金の教育で人への優しさや思いやりが育つ

最後までお読みいただきありがとうございます。

100年に一度のピンチを切り抜け、チャンスを親子でつかむ準備はできたでしょうか。

ここまで読まれても、でも、やっぱり、子どもには、お金の話など早いのではないか、と躊躇する方もいるかもしれません。

お金のことなどを教えたら「カネ！ カネ！ カネ！」と強欲な人間になってしまい、思いやりや優しさなどが育たないだろうと心配されているのでしょう。

しかし、本書で繰り返しお伝えしたように、お金を得るということが、「人の問題を解決するということ」だと理解できれば、他人に対する優しさや思いやりの心を育むこともできるのです。

私が幼児を対象とするお金のセミナーでお伝えしている大切なポイントも、「お金とはどんなものであるか」、そして「お金持ちになるためにはどうしたらよいのか?」ということです。

そして、本書と同じく、お金を生み出すためには、「人が抱えている問題を解決すること」だということをお話ししています。

セミナー終了後に、参加した幼稚園児たちは「もっと人にやさしくしたい」「困った人がいれば助けてあげたい」というようなコメントを残してくれています。

親御さんたちは、一様に驚かれます。私がセミナーの中で「優しさや思いやりを持とう!」などという道徳的な話を一切していないからです。

それでも子どもたちは、お金を生み出すということが、人や社会に関心を寄せ、困った人がいれば助けてあげる、優しさや思いやりと持つことが大事だということを理解しているのです。

なお、このセミナーの動画を見た方々からも大きな反響をいただきました。「自分も子どものときにこのようなセミナーが受けられたらよかったのに」「この子どもたちは将来有望だと思う」「うちの子にもお金の勉強をさせたい!」などです。

幼い子どもにお金の教育なんて早いと思われる方は依然として多いですが、決して早いことなどないのです。

このセミナーの様子はYouTubeでご覧いただけます。「お金持ちは自分の子供にどんな事を教えて育てるのか？　ミアン・サミ」で検索してください。

◆お金の教育で家庭の教育力は伸びる

私は、お金の教育を行うことは、家庭の教育力をも伸ばす原動力になると思っています。家庭の教育力とは「家庭力」とか「家族力」などと呼ばれ、地域や家庭で行うしつけなども含めて、子どもを健全に育てるために必要な教育力のことです。

しかし近年では、地域のつながりは希薄になり、親が身近な人から子育てを学んだり、助け合う機会も減っており、この力が弱くなっていることが問題になっています。

それが幼児虐待を引き起こす要因になっていたり、あるいは、子どもたちの学力の低下や、非行や引きこもりにもつながっていると指摘する人もいます。

この点においても、私は今、お金の教育を施すことが必要だと感じています。お金の教育をすることでたくさんの対話が産まれ、家庭力も伸ばすこともできるからです。

未就学児童のいるご家庭であれば、日々の生活の中で、お金の価値を生むこと、つまり、人をハッピーにすることの大切さについて話すことができるでしょう。

お子さんが小学生になれば、お小遣いの使い方や投資体験等を通して家庭のルールと社会のつながりを教えることができるでしょう。

さらに、中学生や高校生になれば、より踏み込んだお金の仕組みやお金の歴史について教えることで、グローバルな視点でお金について親子で語り合うことができます。「これってどんな意味だろう。お父さんもわからないや。一緒に知らべてみよう」などと語りかける機会を少しでも増やしてみてはいかがでしょうか。

また、近所の同年代の親子を集めて、お金の勉強会やキャッシュフローゲームなどを楽しむミニイベントを開催してみてもいいかもしれません。

このような取り組みが、家庭の教育力のみならず、地域のコミュニティを活性化させ、教育力を伸ばすきっかけになるかもしれない。そんな希望を抱いています。


私は、自分が生まれ育ったこの日本という国が大好きです。

勤勉で、思いやりがあり、和を重んじる美しい国を誇りに思っています。

愛しているからこそ、この国に生きるすべての人、そして未来の子どもたちが、正しいお金の知識を身につけて、「安心」と「自由」のある未来を生きて欲しいと強く、強く願っています。

著者

《参考文献・論文等》 ※本文中に出典等で紹介したものは除く。

■参考文献（邦訳があるもの）

『「思考」のすごい力』ブルース・リプトン著　西尾香苗訳　PHP研究所刊

■参考文献（邦訳がないもの）

『Principles for Navigating Big Debt Crises』（英語）Ray Dalio著

『The New Lombard Street: How the Fed Became the Dealer of Last Resort 』(英語) Perry Mehrling著

■参考論文（Webサイトで見たものを含む）

「Why and How Capitalism Needs to be Reformed」（Ray Dalio）

「Money Creation in the Modern Economy」

「How Money is created by the central bank and the banking system」(Swiss National Bank, Chairman of the Governing Board. Zurich 16 January 2018)

「The Labor Share in G20 Economies」

「How do banks create money, and why can other firms not do the same?」（Richard A. Werner）

「Money, Credit and Velocity」（Federal Reserve Bank of St. Louis）

【著者紹介】

ミアン・サミ（みあん・さみ）

◉——1980年、東京・品川で生まれる。両親はパキスタン人。国内のインターナショナルスクールで学んだ後、米国のデューク大学に入学。医療工学、電子工学を専攻、経済学を副専攻。在学中より株、FXなどに投資し資産運用も始める。大学卒業後、日興シティグループ証券に入社。その後、イギリス系のヘッジファンドに移籍。「金利のレラティブ・バリュー（裁定取引）」に特化し、最盛期には6000億円以上を運用した実績を持つ。

◉——その後、起業の失敗と金融業界への復帰などの紆余曲折を経て、さまざまな投資とビジネスを通して資産10億円以上を構築。現在は、ブロックチェーンの後継技術として期待される「ヘデラ・ハッシュグラフ」を普及させる日韓法人の代表を務めている。

◉——また、「お金の科学者」として、オンラインコミュニティやリアルセミナーを通じて、まるでジムに通うように、誰も教えてくれなかったファイナンシャルリテラシーを向上させる「サミーのファイナンスジム」を主宰。小学生にもわかる解説を心がけるお金のセミナーはいつも大盛況で、子どもが参加することも多い。４男の父として家族を愛するよき夫、よきパパでもある。

◉——著書に『毎月5000円で自動的にお金が増える方法』（小社刊）がある。

★著者のコミュニティ「サミーのファイナンスジム」
https://lounge.dmm.com/detail/988/

お金《かね》の教育《きょういく》がすべて。
7歳《さい》から投資《とうし》マインドが身《み》につく本《ほん》　〈検印廃止〉

2019年5月22日　第1刷発行

著　者——ミアン・サミ
発行者——齊藤　龍男
発行所——株式会社かんき出版
東京都千代田区麹町4-1-4　西脇ビル　〒102-0083
電話　営業部：03(3262)8011㈹　編集部：03(3262)8012㈹
FAX　03(3234)4421　振替　00100-2-62304
http://www.kanki-pub.co.jp/

印刷所——ベクトル印刷株式会社

ISBN978-4-7612-7419-1 C0033